# Marlene Dietrich

W0189336

rowohlts monographien
begründet von Kurt Kusenberg
herausgegeben von Uwe Naumann

roroo

# Marlene Dietrich

Dargestellt von Linde Salber

Rowohlt Taschenbuch Verlag

Umschlagvorderseite: Marlene Dietrich.
Rollenbild aus «The Lady is Willing», 1942
Umschlagrückseite: Uraufführungsplakat
«Der blaue Engel», 1930
Marlene Dietrich bei der US-Truppenbetreuung
während des Zweiten Weltkriegs

Seite 3: Marlene Dietrich, 1972
Seite 7: Marlene Dietrich, um 1932

2. Auflage Juni 2008

Originalausgabe
Veröffentlicht im Rowohlt Taschenbuch Verlag
GmbH, Reinbek bei Hamburg, Oktober 2001
Copyright © 2001 by Rowohlt Taschenbuch Verlag
GmbH, Reinbek bei Hamburg
Alle Rechte an dieser Ausgabe vorbehalten
Umschlaggestaltung Ivar Bläsi
Redaktionsassistenz Katrin Finkemeier
Reihentypographie Daniel Sauthoff
Layout Gabriele Boekholt
Satz PE Proforma und Foundry Sans PostScript,
QuarkXPress 4.1
Gesamtherstellung CPI – Clausen & Bosse, Leck
Printed in Germany
ISBN 978 3 499 50436 5

# INHALT

# Kaiserreich:
# Unbesonnenheit und Disziplin
# (1901–1921)

Ihre Erinnerungen eröffnet Marlene Dietrich mit einem Bild, das sich auf ihren Schulweg bezieht. *Frühmorgens, im Winter, kniff ich die Augen zusammen, und kleine Tränen verwandelten die blassen Straßenlaternen in lange, schmale, glitzernde Lichtbündel. Jeden Morgen spielte ich dieses Spiel, und meine Tränen flossen leicht.* Bestimmt wird der Gang durch die *Gewißheit*, die kostbare Freiheit verloren zu haben, *und von der Angst vor den Lehrern und Strafen* sowie von *Angst vor der Einsamkeit.*[1]

Mit einem Ratschlag und einer nüchternen Bilanz schließen die Memoiren. *Wichtig ist, einen Kokon um sein Herz zu spinnen, den Einfluß der Vergangenheit zurückzudrängen. Bauen Sie nicht auf die Anteilnahme anderer. Man kann sehr gut ohne sie auskommen, das weiß ich. Was bleibt, ist die Einsamkeit.*[2]

Freiheit und Einsamkeit ausbalancierend, hat Marlene Dietrich ein Leben lang um Menschen geworben, deren Liebe und Bewunderung sie für eine Weile tragen und erwärmen konnten.

Am 27. Dezember 1901 kommt sie mit dem Taufnamen Marie Magdalene in Berlin-Schöneberg, Sedanstraße, auf die Welt. Eine Königin, Viktoria, stirbt und eine Diva, Marlene, wird geboren. Ihre Schwester, Ottilie Josephine Elisabeth, ist fast zwei Jahre alt. Die Mutter, Wilhelmine Elisabeth Josephine, geborene Felsing (1876–1945), stammt aus einer angesehenen und relativ wohlhabenden Berliner Uhrmacher- und Juweliersfamilie. Der Vater, Louis Erich Otto Dietrich (1868–1907), sorgt als Polizeileutnant für Ruhe und Ordnung in der Metropole des Deutschen Kaiserreichs – was ihm im eigenen Leben nicht gelingen wollte. Seine Spezialität soll das Verführen von Hausmädchen gewesen sein.

«Sicher war der Posten bei der Polizei nichts Großartiges, doch in einer Zeit und in einem Land, wo jeglicher Autorität größter Respekt gezollt wurde, genoß er unumstritten ein gewisses Ansehen.»[3] Zumal bei seinen kleinen Töchtern, besonders bei Leni, wie er seine Jüngste nannte. Ein Foto zeigt das Kind, an den Vater gelehnt, während Schwester Liesel die Hand der Mutter ergriffen hat.

Fesch sieht der Vater aus in seiner Kostümierung. Er trägt die Uniform der preußischen Polizei, hält einen Säbel zwischen den Beinen und demonstriert eine gewisse aufgeblasene Würde. Über der Oberlippe der an den Enden hochgezwirbelte Kaiser-Wilhelm-Bart. Auch für ihn gilt Egon Friedells Diktum, die meisten Deutschen der Wilhelminischen Ära seien nichts anderes gewesen als «Taschenausgaben, verkleinerte Kopien, Miniaturdrucke Kaiser Wilhelms»[4]. Mutter und Töchter sind im Stil der Zeit mit Hüten, Rüschen, Schleifchen und Spitzen dekoriert.

In Berlin-Schöneberg, Sedanstraße 53, wurde Marlene Dietrich geboren.

*Als Kind war ich dünn und blaß; ich hatte lange rotblonde Haare und den durchscheinenden Teint, die weiße Haut der Rothaarigen sowie, ebenfalls aufgrund dieser langen rotblonden Haare, ein kränkliches Aussehen. Meine Eltern waren sehr wohlhabend, und so erhielt ich die denkbar beste Erziehung. Ich hatte Gouvernanten und Privatlehrer [...].*[5] Mit diesen Worten nimmt die Selbststilisierung in den Memoiren ihren Lauf. Fotos zeigen Leni eher rund und rosig mit dem weichen Blick eines etwas verloren wirkenden Püppchens.

Die Unstimmigkeiten zwischen den Eltern führten zur Trennung, bevor Leni eingeschult wurde. Der frühe Tod des Vaters (1907), die Strenge der Mutter und mehrfacher Wohnungswechsel haben kaum ein Grundgefühl von Geborgenheit und Kontinuität bei dem Kind fördern können.

Im Wohnzimmer der vaterlosen Familie hing im Glasrahmen ein Gedicht von Ferdinand Freiligrath. Anhand dieses Textes brachte die Mutter ihren kleinen Töchtern bereits vor Schuleintritt das Lesen bei:

«O lieb, solang du lieben kannst!
O lieb, solang du lieben magst!
Die Stunde kommt, die Stunde kommt,
Wo du an Gräbern stehst und klagst!»

Zeit ihres Lebens wurde Marlene Dietrich von diesen Versen zu Tränen gerührt.

Auf die Unbesonnenheit des kaiserlichen Schwerenöters reagierte die Mutter mit der preußischen Tugend strenger Selbstdisziplin. Marlene Dietrich erinnert sich: *[...] sie wechselte den Ton [...], wenn man sich von seiner Aufregung mitreißen ließ [...].* «Wenn man erregt ist,» sagte sie, «verliert man so leicht den Kopf, gehen die Gefühle mit einem durch!» *Die Zügel meiner Gefühle fest in der Hand zu halten, war mir zur zweiten Natur geworden, noch bevor meine Mutter beschloß, daß meine Röcke länger gemacht werden müßten, um meine Knie zu bedecken.*[6] Eine weitere Verhaltensregel hieß: *Ertrage das Unvermeidliche mit Würde.*[7] Erlaubt waren allenfalls heimliche Tränen.

Die Gestalt des Vaters bleibt für das Kind ungreifbar. Doch als Foto existiert er weiter. Leni phantasiert sich einen Vater zusammen, ganz so wie man es mit dem Foto eines Schauspielers machen könnte, dessen privates Leben man nicht kennt.

Lenis Wunsch, man würde die vakant gewordene Rolle im Familiendrama mit ihrer Person besetzen, erfüllte sich nicht.

Familienbild: Marlene Dietrich (rechts) im Alter von
fünf Jahren mit ihren Eltern und ihrer Schwester Elisabeth

Zwar nannte die Mutter sie in besonderen Situationen «Paul», französisch ausgesprochen, aber die Führungsrolle ließ sie sich nicht abnehmen.

In der Schule bindet sich das kleine Mädchen liebevoll an eine Französischlehrerin. Offenbar hatte diese den traurigen Ausdruck des Kindes bemerkt. *Niemals vergaß sie, mir am letzten Schultag vor den Ferien ihre Adresse zu geben [...]. Sie hatte meine geheimsten Hoffnungen erraten und wußte, wie sie meinen Kummer heilen konnte. [...] Dank Mlle. Breguand war die Schule kein Gefängnis mehr, sondern eine Art große Stadt, in der ich meine heimliche Liebe zu finden wußte. Diesen ganzen Winter und Frühling ging ich jeden Morgen leichten Herzens zur Schule.*[8]

Schon vor Schuleintritt hatten Mutter und Kindermädchen der kleinen Leni ein bisschen Lesen, Schreiben und Rechnen beigebracht. Sie soll sogar bereits mit der französischen Sprache vertraut gewesen sein. So startete sie gleich mit der zweiten Klasse. Der Mutter war es wichtig, dass ihre beiden Töchter zu Frauen erzogen wurden, die wie sie selbst mit den gesellschaftlichen Regeln vertraut waren, Sinn für das Praktische wie auch für Musik und Literatur entwickelten. Leitbild war die so genannte höhere Tochter, die an der Seite ihres Mannes Kinder und Personal anwies.

Wenn die Mutter ihre Familie besuchte, legte sie großen Wert darauf, dass der Auftritt der beiden Töchter gelang. Sittsam sollten sie sein, zurückhaltend, bescheiden, auf keinen Fall vorlaut. Auch sollten sie hübsch sein, sodass ihnen einmal eine gute Partie gelingen würde. Der Großmutter Felsing durfte kein Anlass für Missbilligung gegeben werden. Wie Marlene Dietrich ihrer Mutter, brachte auch Josephine Dietrich ihrer Mutter großen Respekt entgegen.

Onkel Willi und Tante Vally, Bruder und Schwägerin der Mutter, scheinen weniger konventionell gelebt zu haben. Tante Vally war im Sinne eines Gegenbildes von der Mutter für Marlene in der Jungmädchenzeit sehr wichtig. In ihrem ersten Tagebuch, das sie just von dieser Tante geschenkt bekam, beschreibt sie eine elegante, besonders reizvoll gekleidete Frau, die lebenslustig, fast frivol und großzügig, nahezu verschwenderisch mit den Gaben des Lebens, auch mit dem Schmuck aus Onkel Willis Geschäft, umgegangen ist.

Alle Schwärmerei, für Tante Vally, die so eine schöne, weiche Haut hat, für Jungen, Mädchen, Lehrerinnen, Lehrer, Tanten und Onkel werden im Tagebuch angedeutet, ausgebreitet, gebeichtet, durchlitten.

*Liesel hat gerade gefragt, ob ich wieder solchen Unsinn über Jungen schreibe. Also wirklich! [...] Liesel ist immer so furchtbar anständig.*[9] Schwester Liesel, anfangs die geliebte Spielgefährtin, die wie Leni um die Aufmerksamkeit der Mutter warb, wird in der Jungmädchenzeit Marlenes wichtigste Zuhörerin und Gesprächspartnerin. Manchmal allerdings hat Marlene das Gefühl, dass die wenig ältere Schwester sie im Auftrag der Mutter überwacht.

Mit dem übermütigen Ausdruck der gespielten Zerknirschung trägt Leni am 30. Januar 1914 ein: *[...] ich habe in Aufmerksamkeit und Betragen einen Tadel, eine Rüge in Ordnung und vier Rügen in Betragen. Heiliger Bimbam!*[10] Das ist Liesel nie passiert. Schon als sie klein war, sah ihr Schürzchen nach einer Woche noch genauso sauber aus wie am ersten Tag.

Den Ausbruch des Ersten Weltkriegs im Sommer 1914 erfährt Leni unmittelbar als Veränderung ihres privaten Lebens. Die geliebte Französischlehrerin kehrt nach den Ferien nicht zurück, und der neue Partner der Mutter, Eduard von Losch, den Marlene Dietrich in den Memoiren *mein Vater* nennt, geht vom Manöver direkt an *die Front, ohne noch einmal nach Hause gekommen zu sein und sich von uns zu verabschieden*[11]. (Sie schreibt nicht, dass der leibliche Vater 1907 gestorben ist.) Zunächst hatte die Mutter den Haushalt des Leutnant von Losch geführt. Mit der Witwenrente allein ließ sich der Lebensstandard nicht halten. Gouvernanten, Tanzunterricht sowie die Unterweisung der Töchter im Klavier- und Geigenspiel mussten finanziert werden. Bei Kriegsausbruch wurde von Losch zum Hauptmann befördert. «Seinen Haushalt» verlegte er «von der Hauptstadt auf seinen Familienbesitz in Dessau», und «Josephine und ihre Töchter zogen mit»[12].

In Dessau besucht Leni das Antoinetten-Lyzeum. Häufig begleitet sie die Mutter auf dem Gang zu den Listen mit den neusten Gefallenen. 1916 wird von Losch verwundet. Die Mutter besucht ihn im Lazarett an der Ostfront und geht am Krankenlager den Bund der Ehe mit ihm ein. Kaum zurück in Dessau, erreicht sie die Nachricht von seinem Tod. «*Mein Schicksal ist das von Millionen Frauen», sagte sie. Für sie war das weder gut noch schlecht. [...] Sie war immer schwarz gekleidet. Über meinen linken Ärmel wurde eine schwarze Binde gezogen zum Zeichen der ständigen Trauer um alle Toten der Familie.*[13]

Die Lebenswelt des Krieges stand im scharfen Kontrast zur Gestimmtheit des jungen Mädchens, das seine Zukunft in Tagträumen und Schwärmerei vorentwarf. Härte und Selbstdisziplin der Mutter wirkten zuweilen wie eine Entzauberung der Welt. Rückblickend schreibt Marlene Dietrich über die Zeit: *Man hatte uns eine friedliche Kindheit gelobt, Schule, Ferien und Picknicks, die großen Ferien mit Hängematten, Strand, Eimer, Schaufel und einem Seestern, den man mit nach Hause nehmen konnte. Man hatte uns Pläne versprochen. Pläne zum Schmieden, Ausführen, Verwirklichen, Träume zum Träumen und Wahrmachen. Eine sichere Zukunft – und es lag an uns, sie zu nutzen. Und jetzt? Keine Pläne mehr, keine sichere Zukunft mehr und keinerlei für den Krieg taug-*

*liches Wissen. Da wir keinen Verband machen konnten, strickten wir.*
*Wir saßen in dem vom Tageslicht spärlich erhellten Klassenraum und*
*strickten, um die Soldaten, die in der Fremde Schützengräben aushoben, zu wärmen. Man ließ uns stricken, damit wir uns nützlich fühlten, um die vom Krieg verursachte gähnende Leere zu füllen. Die Wolle*
*war «feldgrau», rauh und verhedderte sich ständig. Feldgrau. Für*
*mich waren die Felder nicht grau, aber da, wo gekämpft wurde, waren*
*sie es vielleicht.*[14]

Marlene befindet sich im seelischen Niemandsland. *Onkel*
*Willy hat das «Eiserne Kreuz», famos. Ich bin jetzt in der 3 m, bitte alle*
*Achtung,* trägt Leni in ihr Tagebuch ein.[15] Wenige Monate später
heißt es dort: *Die Sache ist zugleich lustig und traurig. Vatels Kompagnie hat Läuse.*[16] Und: *Onkel Otto ist gefallen, Nackenschuß 4. Dez.*
*Furchtbar, alle weinen. Onkel Otto ist die Gehirnplatte abgeschossen.*[17]
*Nun sind alle tot. Heute wird Vatel beerdigt. Heute früh waren wir*
*nicht in der Schule, sondern auf dem Ehrenfriedhof bei Vatel. Sein Grab*
*wurde gerade gegraben. Hier [in Dessau] ist's furchtbar langweilig. Der*
*einzig nette Schüler auf dem Bummel ist Schmidt.*[18]

Im Februar 1917, Marlene ist fünfzehn Jahre alt, berichtet
sie von einem *Riesenkrach mit Mutti. Als sie sagte, wenn ich mit so*
*vielen Pennälern g i n g e, wäre ich m a n n s t o l l. Erstens ‹treibe› ich*
*mich nicht mit Jungens ‹rum›, und zweitens wäre die Freundschaft*
*mit Bekannten – man braucht sich ja nicht gleich zu lieben, noch lange*
*nicht m a n n s t o l l. Ich werde immer erst darauf gestoßen, in allen*
*harmlosen Sachen etwas Schlimmes zu sehen.*[19] Mag sein, dass «der
General», wie die Mutter in der Familie gelegentlich genannt
wurde, den Anfängen wehren wollte. Mag sein, dass sie befürchtete, Marlene könnte nach dem Vater geraten. Jedenfalls setzt sie
das Mädchen moralisch unter Druck. Mit der Vielzahl ihrer
Affären von den zwanziger Jahren an weist Marlene Dietrich
gleichsam nach, dass das Schlimme gar nicht schlimm ist, anders gesagt: dass es das Schlimme im Sinne der Mutter gar nicht
gibt. Damit wird sie nicht allein stehen. Die zwanziger Jahre im
Ganzen werden zu einer Zeit der Umwertung durch Entfesselung werden. Die Moral der so genannten Wilhelminischen
Ära, durch den Krieg ad absurdum geführt, wird ihre Macht verlieren. Wenn Gehorsam und Wohlanständigkeit zur Folge hatten, dass das Leben des Einzelnen für den Größenwahn eines

verantwortungslosen Kaisers aufs Spiel gesetzt wurde, lag die Frage nahe, wem denn die Moral überhaupt diente.

Der Krieg, von Preußen zunächst als Angelegenheit eines Sommers eingeschätzt, sollte für fünf Jahre das private, politische, wirtschaftliche und kulturelle Leben bestimmen. Imperialismus und Nationalismus der Länder des alten Europa brachten verschleierte Militärdiktaturen hervor.

Grau und schwarz waren die Menschen gekleidet. Es war eine Welt ohne Männer, ohne Luxus, eine Welt der Kohlrübenernährung, des Hungers, der Angst und der Trauer. Um die Zivilbevölkerung angesichts dieses immer aussichtsloser werdenden Krieges bei Laune zu halten, erkannte die politische Führung des Deutschen Kaiserreichs die Wirkungsmöglichkeiten des neuen Mediums Film als Propagandamittel.

«Seltsamerweise war es die undurchschaubare und dubiose Persönlichkeit des Heerführers und Chefs des Generalstabes im Ersten Weltkrieg, Erich Ludendorff, der das Zentrum der deutschen Filmproduktion in Berlin aufbauen ließ. Dieses Zentrum befand sich von 1917 bis 1945 in der Universum Film AG, kurz UFA genannt, die schon bald nach ihrer Gründung zu den größten europäischen Filmproduktionsfirmen gehören sollte.» [20]

Die Oberste Heeresleitung war mit den Propagandamaßnahmen während des Krieges unzufrieden und versprach sich von einer Vereinheitlichung der deutschen Filmindustrie eine wirksamere Beeinflussung, besonders auch der Zivilbevölkerung. Unruhen wegen der Länge des Krieges und der damit verbundenen Entbehrungen sollte vorgebeugt werden. Um gleichsam unter fremder Flagge unerkannt beeinflussen zu können, kaufte das Reich, unter der Tarnfirma «Lindström AG», die damals hoch entwickelte Nordisk-Filmproduktion auf. Dass Alfred Hugenberg, damals Direktor der Kruppwerke und Inhaber eines Zeitungskonzerns, bei diesen Transaktionen bereits beteiligt war, zeigt deutlich, wie fließend später der Übergang vom Kaiserreich zum Dritten Reich war. Schon 1916 hatte Hugenberg in der Gründung des Vereins «Deutsche Lichtbild-Gesellschaft e.V.» das Interesse der Wirtschaft an der Filmindustrie bekundet. Er hatte früh begriffen, dass zielsichere Waffen nicht unbedingt aus Kruppstahl gefertigt sein müssen. Das Interesse an psychologischer Kriegsführung förderte die Entwicklung des neuen Mediums.

Marlenes Onkel Willi, auf den die Uhrmacherfirma Felsing übergegangen war, gehörte das Geschäftsgebäude «Unter den Linden». Das Dachstudio hatte er an den Optiker Oskar Messter vermietet, einen der Pioniere auf dem Gebiet des Films. Messter richtete sich dort ein Filmstudio ein und experimentierte schon 1903 mit den Möglichkeiten des Tonfilms. 1896 hatte er «Messters Biophon», Berlins erstes Filmtheater eröffnet. Es lag direkt neben Onkel Willis Geschäft.

Ab Frühjahr 1917 lebt Marlene mit Schwester und Mutter wieder in Berlin, in der Kaiserallee. Wieder ist es eine Familie ohne Mann, aber jetzt trägt die Mutter einen adeligen Namen, und die Witwenpension fällt nicht so gering aus. Marlene besucht die Viktoria-Luisen-Schule. Ein Pflichtschuljahr muss sie noch hinter sich bringen. Die Schwester bereitet sich auf das Lehrerinnenseminar vor.

Nachdem Marlene zunächst Laute und Klavier spielen gelernt hatte, erhielt sie eine wertvolle Geige für 2100 Reichsmark. Marlene übte mit Ausdauer. Arbeit, Arbeit, Arbeit, lautet die Devise der Mutter. Müßiggang kann sie nicht billigen. Man muss immer irgendetwas tun. Am liebsten sieht sie, wenn etwas Nützliches geschieht wie Stricken, Anstehen für die täglichen Essensrationen, Sammeln für das Rote Kreuz. Geige üben gehört auch zu den nützlichen Tätigkeiten, es könnte eine Karriere vorbereiten. Die Lehrer loben Marlenes Können und halten sie für talentiert.

Im Juni 1917, auf einem Fest vom Roten Kreuz, hat Marlene ihren ersten öffentlichen Auftritt. Der fünfzigste Jahrestag der Hinrichtung Kaiser Maximilians von Mexiko wird in Kostümen gefeiert. «Marlene war wie ein Junge gekleidet, hatte die Violine unters Kinn geklemmt und die Locken unter dem breitkrempigen Sombrero versteckt.»[21]

Ein anderes Bild zeigt sie mit ihrer letzten Schulklasse. Marlene sitzt in der ersten Reihe, im Haar die größte Schleife. Ihre beste Freundin Hilde Sperling lehnt sich leicht an sie und wird von Marlene untergehakt. Marlenes Blick wirkt leer. Was wird noch werden? Und was zählt eigentlich – sind Krieg und Tod

Marlene (links) spielt die erste Geige: im Alter
von sechzehn Jahren bei einer Schüleraufführung

wesentlich und die Trauer? Oder dürfen Liebe und Leben und
die Träume, die keine Albträume sind, auch ihren Platz bean-
spruchen?

Marlene bemüht sich, die Lebensmaximen der Mutter zur
Leitlinie ihres Handelns zu machen. *Glück hat auf die Dauer nur
der Tüchtige*, schreibt sie in das Poesiealbum ihrer Schulkamera-
din Gertrud Seiler. Aber sie spürt, dass sich in ihr eine ganz andere Neigung regt: *Leichtsinnig möchte ich sein. Schön ist das; wenn
man jede Minute genießen kann, ohne weiter zu denken.*[22] Besorgt
fragt sie ihr Tagebuch: *Warum bin ich nur so anders als Liesel und
Mutti? So trocken und berechnend sind die beiden, wie ein schwarzes
Schaf bin ich hier.*[23] Oder wie das hässliche Entlein, das einen anderen Rahmen braucht, um erfahren zu können, wie schön es
im Leben dasteht und was es alles kann?

Der Krieg ist vorbei. Die Novemberrevolution von 1918 führt zum Zusammenbruch des Kaiserreichs. Chaos, Hunger, tätliche Auseinandersetzungen, Straßenkämpfe zwischen «den Linken» und «den Rechten» bestimmen den Alltag. Was einmal galt, gilt nicht mehr. Die Trias Gott-Kaiser-Vaterland zerfällt. Der Kaiser wird zur Abdankung gezwungen und geht ins Exil, nach Holland. Arbeiter- und Soldatenräte, die sich überall im Reich gebildet haben, fordern eine grundlegende Änderung der Gesellschaft. Am Ende steht ein politischer Kompromiss: die Weimarer Republik. Mit der Unterzeichnung des Versailler Vertrages (28. Juni 1919) ist der Erste Weltkrieg beendet, nicht jedoch die Unruhe im Deutschen Reich. Was Kurt Tucholsky 1918 schrieb, breitet sich weiter aus: «Berlin hat sich sehr zu seinen Ungunsten verändert. [...] Es stehen sich so merkwürdige Dinge gegenüber: man hat kaum genug Brot, aber Bücher und Theater werden überzahlt, eine scheußliche Schicht von Mitbürgern kommt hoch, das Geld regiert nicht, es rast und tyrannisiert [...].» [24]

Mit ihrem Wunsch nach einem weniger engen und kontrollierten Leben steht die junge Marlene nicht allein. Allerdings wagt sie nicht die offene Revolution gegen ihren «General». Glück und Freiheit sind für sie, durchaus altersgemäß, gleichbedeutend mit Verliebtheit. Im Juni 1919 konstatiert sie: *Also das Glück scheint zu kommen. [...] Na, wenigstens liebe ich wieder mal, und das brauche ich ja. Nach ihm wird sicher wieder ein anderer an die Reihe kommen.* [25] Die «wilden Zwanziger» künden sich an. Marlene ist das selbst etwas unheimlich: *Sonnabends und Sonntag küsse ich mich immer satt für die Woche. Eigentlich müsste ich mich recht schämen. [...] Für meine grenzenlose Sinnlichkeit kann ich ja aber nichts. Wer weiß, wo ich nochmal ende, wenn nicht bald, sehr bald, jemand die Güte hat, mich zu heiraten. Jetzt spielt ein Film «Démi-Vierges», über den die Kritik schreibt: «An einem typischen Fall wird die Mentalität der jungen Mädchen aus der sog. guten Gesellschaft gezeigt, die in frühreifer Sinnlichkeit den prickelnden Reiz erotischer Abenteuer auskosten wollen. Sie locken den Mann und schenken ihm fast alles – ‹tout excepté ça.› Lüstern spielen sie mit dem Feuer, bis sie sich einmal daran verbrennen».* Das ist mein genaues Bild. [26]

Ausgestattet mit üppigen Körperformen, auffallend schönen Beinen und einem verführerischen Blick, der expressiven

Marlene Dietrich (links) mit ihrer Mutter
und der Schwester Elisabeth

Mimik der Stummfilmschauspielerinnen entlehnt, wirkt die siebzehnjährige Marlene ausgesprochen attraktiv. Die strenge, graue Gestalt der Mutter soll nun nicht mehr das Vorbild für ihr eigenes Auftreten abgeben. Wie ihre Mitschülerinnen schwärmt Marlene für den ersten deutschen Stummfilmstar, Henny Porten, übrigens eine Entdeckung des Filmexperimentators Messter, den Onkel Willi so gut kennt. Anders allerdings als ihre Klassenkameradinnen stellt Marlene der Schauspielerin nach und bringt der zehn Jahre Älteren mit der Geige ein Ständchen; so einmal geschehen in Berlin und ein andermal in Garmisch. Eine Künstlerin werden wie Henny Porten, verwandlungsfähig, schön und bewundert, das wäre romantischer als das Leben der Mutter.

Ob die Mutter von Marlenes Schwärmereien und Verliebtheiten wusste, ob sie ihr Tagebuch kannte? Jedenfalls ist sie beunruhigt. Auf die Tochter Liesel muss die Mutter nicht besonders achten, die folgt ihren Plänen. Aber was soll aus Marlene werden? Sie verlässt die Schule, ohne mit dem Abitur abzuschließen. Bislang hat sie ihre Energie bei den Künsten untergebracht. Aber ein Leben unter Kunststudenten im Berlin der Nachkriegszeit, das käme einer Potenzierung der Unbesonnenheit gleich. Das Leben in der Stadt war ohnehin schon gefährlich. Der Zeitzeuge Graf Harry Kessler beschreibt die Situation. «Innerhalb der sechs Monate seit Friedensschluß [11. November 1918] starben siebenhunderttausend Kinder, alte Menschen und Frauen […]. Das deutsche Volk, das zu Hunderttausenden verhungerte und verreckte, wurde wie im Delirium hin und her geworfen zwischen blanker Verzweiflung, hektischem Trubel und Revolution. Berlin war ein Alptraum geworden, ein Karneval von Jazzbands und ratternden Maschinengewehren […]. Am gleichen Tag, an dem im Stadtzentrum wieder einmal ein blutiger Straßenkampf stattgefunden hatte, wurden die Litfaßsäulen mit riesigen Plakaten behängt, auf denen stand: ‹Wer hat die schönsten Beine von Berlin?›»[27] Es sollte noch elf Jahre dauern, bis Marlene und alle Welt wussten, dass es die Beine von Marlene Dietrich waren.

Im Herbst 1919 entschied die Mutter kurzerhand, Marlene in die Provinz zu schicken, nach Weimar. Dort teilte sie in einer Pension, die im achtzehnten Jahrhundert die von Goethe hofierte Frau von Stein beherbergt hatte, ein Zimmer mit fünf weiteren höheren Töchtern, aus denen noch etwas werden sollte. Marlene schreibt sich an der Musikhochschule ein und nimmt zudem privat Violinunterricht bei Professor Reitz.

Jetzt heißt es verstärkt: üben, üben, üben! Denn nun muss sich zeigen, ob sie wirklich das Zeug zur Virtuosin hat, sodass sie als Solistin Karriere machen kann. Gleichzeitig wetteifert Marlene mit ihren Zimmergenossinnen in weiteren wichtigen Disziplinen: Wer hat die verrücktesten Ideen, die buntesten Flausen im Kopf, wer ist am schlagfertigsten, wer wagt es, am weitesten zu gehen, wer kann die Männer becircen, wer ist die Schönste im ganzen Land? Marlene obsiegt in jeder Hinsicht.

So erzählt der Graphiker und Bühnenbildner Lothar Schreyer, wie sie einmal eine Begegnung mit der berühmten Alma Mahler, damals verheiratet mit dem Bauhausarchitekten Walter Gropius, inszeniert hat. Es ist ihr wirklich gelungen, der Bewunderten die Hand zu küssen, wobei diese bemerkt haben soll: «Was das Kind für Augen hat. Welche Augen!»[28] Mahlers Neffe, Wolfgang Rose, ein Kommilitone von der Musikhochschule, beteuert, dass Marlenes Schönheit Aufsehen erregte. Sie «verblüffte uns alle. Die jungen Männer standen Schlange, um mit ihr auszugehen.» Allerdings hätte sie gewirkt, als wüsste sie nichts von ihrer Schönheit.[29]

Wirklich beeindrucken will sie nur einen, den sie bewundern kann. Hundert Jahre früher wäre es vermutlich Goethe gewesen. Ihn liebt und verehrt sie. Manchmal wandert sie zum Gartenhäuschen, um seine Gedichte in der richtigen Atmosphäre zu lesen und einzelne sogar auswendig zu lernen. Jetzt verlegt sie sich auf ihren Violinprofessor. Von der Sehnsucht nach Liebe, Bewunderung und Förderung getrieben, experimentiert sie mit der Wirkung ihrer üppigen Weiblichkeit. Marlene übt Händelsonaten, spielt das a-Moll-Konzert von Bach und für eine kleine Weile die Rolle einer Geliebten ihres Geigenlehrers.

Das Gerücht von diesem Verhältnis macht die Runde, erreicht die Vorsteherin der Pension, Fräulein Arnoldi, und alsbald die Witwe Josephine von Losch. Marlene wird zunächst für vier Wochen nach Berlin zurückbeordert und vergattert, was sie als «Katastrophe» erlebt. Knapp zwei Jahre später erinnert sich Marlene an ihr *glückliches Jahr in Weimar,* ist *unendlich dankbar für diese Zeit; vor allem dem, der sie mir so schön machte. [...] Nach der Trauung von Weimar kam dann all das Trübe mit dem Liegenlassen der Geige [...]*[30] Bis Ende 1921 darf Marlene noch einmal zurück nach Weimar. Danach setzt sie ihre Studien in Berlin fort, Professor Flesch heißt ihr neuer Geigenlehrer.

Doch bald findet das Geigenspiel sein Ende. Ein überstrapaziertes Handgelenk, das in Gips gelegt werden musste und sich dennoch nicht wieder stabilisierte, soll der Grund gewesen sein. In den Memoiren schreibt Marlene: *Die Solo-Sonaten von Bach waren für meine Verletzung verantwortlich. Dieser Schicksalsschlag warf mich völlig zu Boden. Ich würde nun nie eine in der Musikwelt gefeierte Geigen-‹Solistin› werden.*[31] Manches Mal schon hatte Marlene sich gefragt, ob der hohe Einsatz von Zeit und Energie sich auszahlen werde. Allein um Hausmusik zu machen, schien ihr der Aufwand zu groß. Die Verliebtheit in Weimar hatte sie beflügelt. Mancher Biograph sieht in Marlenes Affäre ein Geschick, das sich noch oft wiederholen wird: Sie habe eine gewisse Begabung, sich in Menschen zu verlieben, die ihrer Karriere nützlich sein könnten.

Um 1920

# Rastlos:
# Die wilden zwanziger Jahre
# (1921–1929)

Einem verlorenen Traum nachzuhängen, war nicht Marlenes Sache. «Träum was Vernünftiges» oder «Tu was» hatte die Mutter dem Kind oft nahe gelegt. Diese Ratschläge gibt sich Marlene inzwischen selbst. Auch die finanzielle Situation der Familie ohne Mann erlaubt es nicht, lange zu warten, bis sich etwas Großartiges ergeben würde. Die zwanzig Prozent der Firma, die beim Tod der Großmutter Felsing (1920) auf Marlenes Mutter übergingen, waren bei der akuten Inflation keine sichere Grundlage für den Unterhalt der Familie.

Wenn es die E-Musik nicht sein konnte, warum es nicht mit der U-Musik versuchen? Damit ließe sich immerhin Geld verdienen. Kurz: Marlene lässt sich auf das Machbare ein. Das Handwerk des Geigenspiels beherrscht sie inzwischen. Sie spielt Giuseppe Becce vor, dem Vorsitzenden der Berliner Filmmusik-Dirigenten, einem damals bekannten Komponisten. Der hält sie für begabt und gibt ihr den Posten einer Konzertmeisterin für vier Wochen. Die Beine des einzigen weiblichen Orchestermitglieds bringen die männlichen Spieler aus dem Takt …

Marlene erlebte also den noch stummen Film von ganz unten, aus dem Orchestergraben. Natürlich wollte sie dort nicht bleiben. Sie nimmt Gesangstunden bei Oskar Daniel, der den Nachwuchs für die Oper unterrichtet – und tritt schließlich in einer Revue auf. Kein großer Schritt, aber immerhin mit Federn geschmückt aus dem Graben auf die Bühne, und zwar mit sehr langen Beinen.

Das Berlin der zwanziger Jahre war ein Eldorado der Revuen, Theater, Kabaretts, Filme und Varietés, «wo Hunderte von Männern in Frauenkleidung und Frauen in Männerkleidung unter den wohlwollenden Augen der Polizei tanzten. Eine Art Irrsinn ergriff im Sturz aller Werte gerade die bürgerlichen, in ihrer Ordnung bisher unerschütterlichen Kreise», schreibt Stefan

Zweig.[32] Dass Marlenes Schwester Georg Will, einen Kaba-
rettmanager, heiraten konnte, verdankt sie gewiss der aus den
Fugen geratenen Nachkriegszeit. Marlenes Auftritte in der Re-
vue-Tanzgruppe von «Guido Thielschers Girl-Kabarett» oder in
den Revuen von Rudolf Nelson haben die Mutter ebenfalls nicht
gerade begeistert. Von der Arbeit in Film, Varieté oder Theater
hat sie nicht viel gehalten. Doch Marlene «jobbt», auch einmal
als Model, und entwickelt sich zum «Girl vom Kurfürsten-
damm», wie ihre Freunde sie nennen. Bald schon begreift sie,
dass da mehr möglich ist. Sie bewirbt sich für eine Ausbildung in
der Schauspielschule Max Reinhardts.

Max Reinhardt war im Berlin der zwanziger Jahre eine
Institution. Er «kam aus Wien, vom großen Theater der alten
Zeit, und er suchte seine Wirkung zu steigern, indem er in Zir-
kussen und Varietés spielen ließ. Deren Mittel waren markt-
schreierisch und laut, sie bezogen Massen von revueartigen Szenen ein und rechneten mit der naiven Schaulust des Publikums
[…]. Max Reinhardt sah, daß die Forderung der jungen Leute
nach Fortlassen des historischen Ballasts einem Bedürfnis der
Zeit entsprach. Er verstand, der neuen Idee die Mittel der modernen Bühne nutzbar zu machen. Es waren vor allem das elek-
trische Licht, dessen Scheinwerfer die Szenen ‹ausschneiden›
konnten, das Einblenden von Filmstücken, die Verwendung von
Lautsprechern, also ‹entfremdete› Sprache, und die mit Hilfe
von Drehbühnen möglichen schnellen, oft sichtbaren Szenen-
wechsel.»[33] Reinhardt brachte es in einem einzigen Jahr auf bis
zu achtundvierzig Inszenierungen. Der Bedarf an Schauspielern
allein an den Reinhardt-Bühnen war also groß.

Marlene schafft es nicht im ersten Anlauf. Ihre Gretchen-
nummer muss allzu theatralisch gewirkt haben. Aber sie ist
zäh. Sie sucht Rosa Valetti, eine von den Berlinern besonders
geschätzte Schauspielerin, im Kabarett «Größenwahn» auf. Die
schickt sie, von Marlenes Stimme begeistert, zum Chefdrama-
turgen am Deutschen Theater, Felix Hollaender (einem Onkel
des Komponisten Friedrich Hollaender). Der räumt ihr ebenfalls
gute Chancen ein und verhilft zu einem Termin mit Berthold
Held, dem Leiter von Reinhardts Schauspielschule. Auch dieser
hält sie für entwicklungsfähig und erteilt ihr wie auch Grete

Mosheim, die eher bekannt werden sollte als Marlene, Privatunterricht. Fechten, rhythmische Bewegung, Stimmbildung gehören dazu. Außerdem nehmen sie Privatunterricht in schwe-
discher Gymnastik und Englisch. Die Gesangstunden bei Oskar
Daniel setzt Marlene fort.

Schauspielschülerinnen erwarben ihr Können auch als
Komparsen und in Ein-Satz-Rollen. Große Geschicklichkeit
mussten sie besonders im geschwinden Ortswechsel von einem
Theater zum anderen am selben Abend entwickeln. *Ich spielte
beispielsweise die Rolle eines Dienstmädchens im ersten Akt eines
Stückes, fuhr dann mit der Untergrundbahn oder mit dem Bus zu
einem anderen Theater, wo ich im zweiten Akt eines Stückes eine
Matrone war, und beschloß dann den Abend als Dirne im dritten Akt
eines dritten Stückes.*[34] Ein atemloses und aufregendes Leben ist
das nun, bestimmt von dem intensiven Wunsch, eines Tages die
große Chance zu erhalten und entdeckt zu werden. Marlene
lernt und genießt es, sich herzurichten, zu schminken und zu
kostümieren.

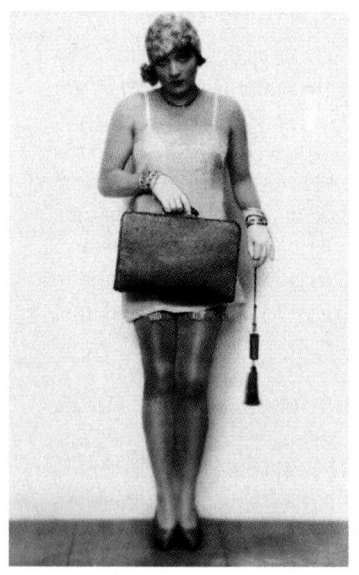 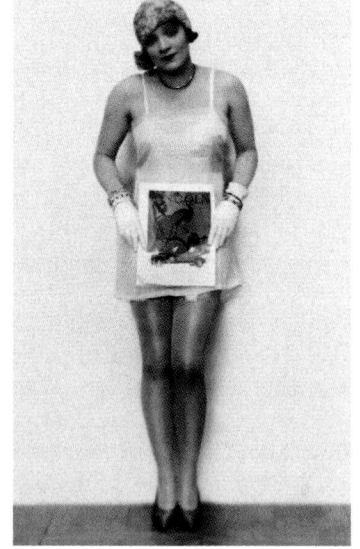

Marlene als Reklamegirl, 1922

Zwischen 1922 und 1929 spielt sie kleine Rollen in sechsundzwanzig Theaterstücken, meist Komödien. Neben den Klassikern Shakespeare, Kleist und Molière sind es besonders die Schriftsteller der Zeit, die das Theaterprogramm bestimmen, wie Georg Kaiser, Carl Sternheim, Frank Wedekind, George Bernard Shaw, W. Somerset Maugham.

Das Theater der Weimarer Republik war durchaus eine politische Anstalt. Unter der Überschrift «Die Revolution und das Theater» veröffentlichte das Präsidium der Deutschen Bühnengenossenschaft in der Zeitschrift «Der neue Weg» im November 1918 einen Aufruf an alle Theaterschaffenden. «Der Geist einer neuen Zeit ist da! Die Willkürherrschaft veralteter Tradition ist dahingesunken; das Evangelium der Menschheit tritt in seine Rechte und an Stelle der Gewalt Vernunft und Recht. […] Darum ergeht an jeden einzelnen die Mahnung: Sich der neuen Zeit, sich der großen Aufgaben, die unser Beruf und Stand zu lösen hat, würdig zu zeigen. Fort mit allem Staub und Schutt der Vergangenheit, fort mit kleinen engherzigen Anschauungen.»[35]

Ob Marlene diesen Kontext ihrer Auftritte kannte, bleibt fraglich. In ihren Memoiren jedenfalls gibt sie sich unbedarft. *In der «Büchse der Pandora» von Wedekind war ich eine der «schweigenden Beobachterinnen». Ob man es glaubt oder nicht, ich wußte nichts von dem Stück, denn ich trat nur im dritten Akt auf. Noch heute weiß ich nicht, worum es darin geht.*[36] Das passt nicht ganz zu ihren Beteuerungen, sie habe am liebsten und unendlich viel gelesen. Und wenn es wirklich so war, wie der Biograph Donald Spoto schreibt, dass Marlene in dieser Zeit die Schriftstellerin Gerda Huber liebte, mit der sie in Wilmersdorf zusammenlebte, dann ist es umso verwunderlicher, dass sie dieses Stück nicht kannte.

Am 7. September 1922 hat Marlene Dietrich als Ludmilla Steinherz einen kurzen Auftritt in den Kammerspielen des Deutschen Theaters. Herzstück der Handlung in Wedekinds Tragödie ist die Elementargewalt des Sexualtriebes, personifiziert in der Gestalt der Lulu. «Sie zieht alle an, liebt keinen und vernichtet, die sie beglückend besitzt […]. Ihr Lebenszweck ist Erfüllung ihrer selbst, ihr Glück das Flammen der Kerze, und so fliegen denn die Falter herbei, je heller sie brennt, um so mehr. […] Sie kennt keine Sünde, sie hat kein Gewissen, keine Seele. Sie ist grenzenlos verwildert – […] ‹das wilde schöne Tier›.»[37] Auch die kleine Rolle der Ludmilla Steinherz gehört in das Milieu. «Geht man denn hier gar nicht schlafen?», heißt es am Ende des zweiten Aufzugs bei Wedekind, und Ludmilla antwortet: «O gewiß; aber doch nicht bei Nacht!»[38] Wegen «unzüchtiger Passagen», zu denen besonders die Klagen der lesbischen Gräfin Geschwitz über ihr Liebesleid gehörten, hatte man dem Stück in der Kaiserzeit den Prozess gemacht.

Ab Juni 1922 wird Marlene Dietrich im Jahrbuch des Großen Schauspielhauses als Studentin und Schauspielerin geführt, mit Wohnsitz in Berlin-Wilmersdorf, Kaiserstraße 54. Von September 1922 bis April 1923 steht sie mit sieben kleinen Rollen in insgesamt zweiundneunzig Aufführungen auf der Bühne. Dabei kann sie die großen deutschen Schauspieler wie Albert Bassermann, Elisabeth Bergner und Agnes Straub aus allernächster Nähe beobachten und studieren. Marlene hat ‹angebissen› und arbeitet ‹tüchtig›.

Nicht die Mutter, sondern deren Bruder, Onkel Willi, ist es, der Marlene unterstützt. Er liebt das Theater. Werbeanzeigen der Firma Felsing erscheinen in den Theaterprogrammen. Seit 1922 lebt er mit einer extravaganten Frau in Marlenes Alter zusammen, einer Polin, die aus Hollywood kam. Sie tritt auf wie ein Star, trägt Fuchs- und Zobelpelze und juwelenbesetzte Turbane. Marlene bewundert die neue «Tante», die von allen «Jolly», im Sinne von «jolie» genannt wird. Der Biograph Steven Bach legt den Gedanken nahe, Marlene habe bei ihr den ersten Lehrgang in Sachen Glamour gehabt. Kleidung, Schmuck und Make-up müssen erlesen und extravagant sein. Manches Stück aus Jollys Besitz wechselt zu Marlene über.

Der Onkel fördert Marlenes Karriere, indem er seine Beziehungen zu den Leuten vom Film nutzt. Er vermittelt Marlene die ersten Probeaufnahmen. Der Kameramann Stefan Lorant beschreibt eine lebhafte junge Frau, die auf seine Frage, warum ihr so viel an den Aufnahmen gelegen sei, entgegnet: *Weil ich dafür geboren bin.*[39] Er stellt sie vor einen Gartenzaun, auf dem sie herumklettern soll. «Marlene mußte bestimmt fünfzehnmal auf diesen Zaun klettern, wieder herunterspringen und dabei lachen, weinen, Gesichter schneiden, schreien, schluchzen. [...] Das machte ihr überhaupt nichts. Sie sprang vom Zaun herunter, hopste in den Graben, sie hüpfte und sprang und schrie vor Begeisterung. [...] Sie drehte den Kopf von rechts nach links, wie ein Mannequin auf einer Modenschau. Wenn ihre Augen der Kamera begegneten, mußte sie lachen. Dann schürzte sie die Lippen und drehte den Kopf weiter ins Profil.» Ein hyperaktiver Auftritt. Wie ein aufgeregt begeistertes Kind will Marlene ihr Bestes geben. Sie weiß noch nicht, dass weniger mehr sein kann. Lorant meint zudem: «In der Nahaufnahme sah das Mädchen, das in Wirklichkeit ziemlich hübsch war, ausgesprochen häßlich aus. Breites Gesicht, ausdruckslose Augen, unbeholfene Bewegungen. Einhellig waren wir der Meinung: Keine Spur von Talent.»[40]

Der negative Ausgang ihres ersten Versuchs, beim Film unterzukommen, scheint sie nicht einzuschüchtern. Ein zweiter Versuch, den der Onkel auf Marlenes Bitte hin unternimmt, führt schon einen Schritt weiter. Der Regisseur Georg Jacoby gibt ihr die kleine Rolle einer Zofe in dem Film «So sind die Männer oder Der kleine Napoleon». Marlene hat zwar das Gefühl, dass sie auf der Leinwand hässlich aussieht, aber sie ist im Spiel, und das stimmt sie zuversichtlich. Tüchtigkeit allein genügt nicht. Beharrlichkeit, Beziehungen, ein kleiner Flirt sind genauso wichtig. Man muss wahrgenommen werden. Dazu gehört die Präsenz im Berliner Nachtleben genauso wie eine verrückte Aufmachung.

Die Schauspielerin Mia May erinnert sich: «Marlene war sehr amüsant und unterhaltsam, attraktiv und originell. Kein Mann konnte ihr widerstehen. Überall erschien sie mit einem Monokel und einer Boa, gelegentlich auch mit fünf roten Fuchspelzen. Bei anderen Anlässen trug sie ein Wolfsfell, eine Art Decke, wie man sie über ein Bett breitet. Auf den Straßen Berlins wurde sie ständig von Leuten verfolgt, die über sie lachten, aber dennoch von ihr fasziniert waren; sie lieferte ihnen Gesprächsstoff.»[41]

1923 wird ihr Name zum ersten Mal auf einem Plakat aufgeführt. In Wilhelm Dieterles Film «Menschen am Wege»

Die erste Filmrolle: in «Der kleine Napoleon», 1923.
Marlene schrieb später, sie habe ausgesehen wie eine
«Kartoffel mit Haaren».

spielt sie die Rolle einer reizenden Naiven mit Zöpfen. Auch in
der Kritik wird sie erwähnt; einer hält sie für sympathisch, ein
anderer für oberflächlich – immerhin.

Bevor dieser Film in die Kinos kommt, bewirbt sich Marlene bereits um eine weitere Rolle. Zusammen mit Grete Mosheim steht sie in einer langen Schlange von Mitbewerberinnen.

Sie alle wollen ausgerechnet in dem Film «Tragödie der Liebe» eine Rolle erhalten. Produzent und Regisseur ist Joe May (Joseph Mandel), einer der finanziell erfolgreichsten Produzenten des deutschen Stummfilms. Die Aufnahmeleitung hat Rudolf Sieber, der auch bei der Auswahl von Komparsen zu entscheiden hat.

Marlene hat fast alles getan, um frivol zu wirken, sodass man sie nicht übersehen kann. Sie trägt ein nahezu transparentes Kleid und das Monokel ihres Vaters und führt zudem ein Hündchen an der Leine. *Rudolf Sieber erklärte uns, er suche «Halbweltdamen» von Format. Er beschloß, meine Freundin Grete Mosheim wirke «zu ernst» für die Rolle, ich jedoch sollte mich gleich am nächsten Tag zur Arbeit einfinden – so schätzte er mich also ein. Ich war stolz, daß er mich als ein «Gesicht in der Masse» ausgewählt hatte, stolz darauf, daß ich es geschafft hatte, stolz darauf, nicht zu jung ausgesehen zu haben, zu unschuldig, zu … alles, was ich in Wirklichkeit war. […] Ich bemühte mich, älter zu wirken, auszusehen wie eine Frau. Zu Hause probte ich in einem Kleid meiner Mutter, ich ging und wiegte mich in den Hüften wie eine Lebedame, und jeden Tag arbeitete ich mit Rudolf Sieber, in den ich bis über beide Ohren verliebt war – und es lange bleiben sollte.*[42]

Sieber, der aus Aussig im Sudetenland stammt, ist zu der Zeit mit Eva May, der Tochter seines Arbeitgebers, verlobt. Er soll sehr charmant gewesen sein. Jedenfalls teilt Marlene bald schon der Mutter mit, sie hätte den Mann getroffen, den sie heiraten will. Fotos der Zeit lassen Marlene Dietrich und Rudolf Sieber aussehen wie Geschwister; Höhe und Breite sind etwa gleich, ebenso die Haarfarbe. Beide lieben Luxus. Beide zeigen sich gern in Gesellschaft. Beide sind darauf aus, die Möglichkeiten der zwanziger Jahre nicht ungenutzt vorübergehen zu lassen. Und beide träumen vom großen Erfolg im Film oder auf der Bühne des Theaters. Jeder erwartet vom anderen, dass er ihm dabei helfen wird.

Ein halbes Jahr nach ihrer ersten Begegnung, am 17. Mai 1923, stehen Rudolf Sieber und Marlene Dietrich in Berlin-Friedenau vor dem Standesbeamten. Als Trauzeugen erscheinen Marlenes Mutter, die sich bei der Angabe ihres Geburtsjahres um fünf Jahre verjüngt, und ein Kaufmann namens Richard

Neuheuser. In den Memoiren erfindet Marlene eine einjährige Verlobungszeit, eine Hochzeit mit Myrtenkranz und Reis werfende Gäste.

«Die Flitterwochen dauerten genauso lange, wie Marlene brauchte, um vom Standesamt zum Besetzungsbüro zu gehen und einen Theatervertrag mit Carl Meinhard und Rudolf Bernauer zu unterschreiben.»[43] Marlene ist beweglich. Wenn auf den Reinhardt-Bühnen keine Rolle zu haben ist, spielt sie eben im Theater in der Königgrätzer Straße. Als sie im Februar 1924 die Rolle der Hippolyta im «Sommernachtstraum» spielt, berichtet Berlins scharfzüngiger Kritiker Alfred Kerr vom «Fleisch der Hippolyta», das es ihm offenbar angetan hat.

Im März 1924 wird Marlene Sieber schwanger. *Ich trug so viele Wunder in mir – ein neues Leben entwickelte sich in mir, ein anderes Herz schlug neben meinem, alles, was mir geschah, schien wunderbar, wie aus einem Roman, der nichts Irdisches mehr hatte und nur für mich, die Auserwählte, bestimmt war.*[44] Eine Zeit lang geht Marlene Dietrich in dieser neuen Rolle auf.

Als am 13. Dezember 1924 die Tochter Maria Elisabeth geboren wird, ist Marlene außerordentlich stolz. Mit ihrer ganzen narzisstischen Liebe stürzt sie sich auf «das Wunder», auf das schönste aller Babys. Leider habe sie es nur neun Monate stillen können.

Nebenwirkung der Schwangerschaft ist das Ende der erotischen Beziehung zu ihrem Mann, den sie bald «Papa» oder «Papilein» nennen wird.

Zwar treten sie wenige Monate nach der Geburt ihres Kindes wieder als strahlendes Paar in Gesellschaft auf, doch nebenher ist jeder offen für neue Begegnungen. Marlenes Mutter übernimmt die Rolle eines stets zur Verfügung stehenden Babysitters, wenn das Berliner Nachtleben lockt. Die Beziehungen zu Theater- und Filmleuten müssen gepflegt werden, sonst wird man schnell vergessen.

«Der Sprung ins Leben» ist nicht allein Titel eines UFA-Films, in dem Marlene Anfang August 1923 ein «Mädchen am Strand» gespielt hatte, sondern der Sprung ins Leben muss immer wieder neu gewagt werden. Voller Unruhe bemerkt Marlene, die ihren Namen «Dietrich» als Künstlernamen beibehält, dass das Lebenskonzept ‹Trautes Heim› ihren Träumen nicht gerecht wird.

Steven Bach hegt die Vermutung, dass Sieber als Erster neue Liebschaften hatte. Seine Tätigkeit beim Film ist unbedeutend geblieben. Die Zusammenarbeit mit Joe May endete nach dem Suizidversuch von Mays Tochter Eva. Man sagt, sie habe nicht verwinden können, dass Sieber sich von ihr trennte, um Marlene Dietrich zu heiraten. Eine Zeit lang arbeitet Sieber dann als Assistent des Produzenten und Regisseurs Alexander Korda. Oder er ist tätig für den Schauspieler Harry Piel, wenn der Regie führt. Manchmal springt für Marlene eine unbedeutende Nebenrolle dabei heraus, gut für die Haushaltskasse, nicht so gut für ihr Image als Schauspielerin.

Oft sind es Zufälle, die eine Karriere weiterbringen. 1926 bietet sich eine Chance in der Revue «Von Mund zu Mund» von Erich Charell im Großen Schauspielhaus in Berlin. Im Programmheft findet sich ein Zettel mit Foto von Marlene Dietrich und dem Hinweis, dass sie anstelle von Erika Gläßner die Rolle der Commère Erika spielt.

Zum ersten Mal erhält Marlene die Gelegenheit, ihre Stimme als Gesang hörbar werden zu lassen. Auch Claire Waldoff hat eine Rolle in der Revue. Lesbisch mit männlichem Akzent, roten Haaren, körperlich mollig und untersetzt, hatte die Waldoff mit ihren Provokationen bereits das kaiserliche Berlin begeistert. «Hermann heeßt er» sollte ein paar Jahre später zu ihrem berühmtesten Lied werden. Zu Marlene fühlt sich die Waldoff hingezogen. «Wie scheen det Kind is! Die Beene!» – hat sie nach Aussage des Filmkritikers Curt Riess voller Bewunderung ausgerufen. Man munkelt, sie habe Marlene einen neuen Stil des Gesangs und

Claire Waldoff, um 1927

der Liebe vermittelt; vielleicht auch eine neue Einstellung zum Leben.

Claire Waldoff entfaltet ihr Anderssein nicht heimlich, sie demonstriert es in aller Deutlichkeit. Sie trägt Männerschlipse zur Bluse und leitet damit eine Mode ein. Ihr Haar ist kurz geschnitten zum so genannten Bubikopf. Und die Hose, dieses den Frauen nicht gestattete Kleidungsstück, setzt sie ebenfalls als eine der Ersten durch. «Wie keine andere wußte sie das Lebensgefühl der Menschen in Lieder und Chansons umzusetzen, in freche, schnoddrige, romantische und witzige, je nach Bedarf.» [45] Claire Waldoff nimmt Marlene unter ihre Fittiche. In einem persönlichen Gespräch soll sie Marlenes Mutter eröffnet haben, sie wolle sich um Marlenes künstlerische Entwicklung kümmern. Man sieht die beiden im «Eldorado», einem der vielen Lesbentreffpunkte.[46]

Marlene stürzt sich zwar in die neuen Freiräume der Geselligkeit, wächst aber, was ihr Selbstverständnis angeht, nur langsam in die Freiheit der zwanziger Jahre hinein. «Der gute Stall», wie die Mutter den Ort der Erziehung zum Höheren zu bezeichnen pflegte, der Anspruch, das Bessere zu kennen und gepachtet zu haben, die Trennung von Bildungskultur und bloßer Unterhaltung, dies alles steckt Marlene noch in den Knochen. Es dauert ein paar Jahre, ehe sie merkt, wo ihre Stärke liegt, und ehe sie begreift, dass die so genannte leichte Muse in Gestalt der modernen Revuen und Filme ein Heilmittel bedeuten kann gegen die Verbiederung der Welt.

Die achtzehn Bilder der Revue «Von Mund zu Mund» stehen unter der Devise: «Die Zeiten sind so mies – schaff dir ein Paradies!» Marlene singt «Im Garten der Wünsche»: «Alle jungen Mädchen träumen – /und sie wollen nicht versäumen/ grad die Jahre, die die schönsten sind./Alle haben aus Romanen Ideale, und sie ahnen,/daß die Liebe naht oft sehr geschwind.» [47] Als Eigentümerin eines Feinkostladens hat sie die zündende Idee, «Feinkost mit Musik» zu verkaufen. Europa und Amerika sind vom Charlestonfieber heimgesucht, so werden also Delikatessen im Charlestonrhythmus verkauft.

1926 erhält Marlene Dietrich auch im Film eine neue Chance. Neben Reinhold Schünzel spielt sie die Hauptrolle in dem operettenhaften Stummfilm «Der Juxbaron». Marlene legt sich ins Zeug, «ist gutmütig und oberflächlich, fährt wie der Teufel, raucht wie ein Schlot, zeigt viel Bein und stellt sich reizend unbeholfen an, um den ‹Baron› mit ihrem Gesang und ihren Klavierstücken zu beeindrucken»[48]. Wie das klingt, wenn die Musik aus dem Orchestergraben ertönt, und wie das aussieht und wie es zusammengeht, kann man sich heute nicht mehr richtig vorstellen. Zu vermuten ist allerdings, dass Marlenes Weltkarriere, wäre der Film stumm geblieben, wohl kaum zustande gekommen wäre. Die Kritik nimmt den Film ohne Begeisterung auf.

Eine weitere Chance erhält Marlene durch Vermittlung Betty Sterns, die in ihrer Wohnung eine Art Salon oder informelle Agentur für Film- und Theaterleute führt. Betty Stern schwärmt für Marlene und macht sie mit wichtigen Persönlichkeiten bekannt, so auch mit dem Wiener Schauspieler Willi Forst.

Nun hat es ein Ende mit den kleinen Rollen in großen Stücken. Im Sommer 1927 geht Marlene Dietrich mit Willi Forst, dem Typ des Verführers in Film, Theater und «wirklichem Leben», nach Wien, um an seiner Seite die weibliche Hauptrolle zu spielen – auch im österreichischen Film «Café Electric». In Deutschland erhält der Film den Titel «Wenn ein Weib den Weg verliert». Im zwielichtigen Milieu des Café Electric gerät Marlene auf die schiefe Bahn, tanzt Charleston und Black Bottom und stellt sich in ungemachten Betten genüsslich zur Schau.

Die Kritik spricht einmal von einer rassigen und sehr begabten Darstellerin, ein andermal hält man Marlene für «unverkennbar sehr talentvoll, aber eine Fehlbesetzung»[49].

Auch auf der Bühne tritt sie in Wien in Erscheinung, in den Kammerspielen und im Theater in der Josefstadt: im Sommer 1927 in der Revue «Wenn man zu dritt» von und mit Max Brod, im September in «Broadway», einem amerikanischen Zeitbild von George Abbott und Philip Dunning, und im November in Carl Sternheims Lustspiel «Die Schule von Uznach oder Neue Sachlichkeit». Der Dichter Felix Salten schreibt: «Von den Mädchen dieser fortschrittlichen Schule war Marlene Dietrich dem Äußern nach am ehrlichsten der Typ, der gezeigt werden soll: schöne triebhafte Weibsjugend, die gedankenlos plappert.»[50]

Noch wenige Jahre zuvor glaubte Marlene, die Ehe müsse sie vor solcher Rolle bewahren. Jetzt hat sie eine andere Lösung gefunden. Sie «spielt» diese Rolle – auf der Theaterbühne und im Alltag. In der Liebesaffäre mit Willi Forst oder beim Kokettieren mit dem Schauspieler Igo Sym, der ihr das Spiel auf der singenden Säge beibringt, oder beim Besuch der Eltern des jungen Regisseurs Otto Preminger, der seine Neuentdeckung vorzeigt – da «spielt» sie letzten Endes auch. Denn trotz aller Hingabe an die jeweilige Szene hält sie an der Rolle der verheirateten Frau mit Kind im Familienspiel mit «Papi» Sieber fest.

Dass Rudolf Sieber ihr den Weg zum Ruhm bahnen würde, war eine Fehleinschätzung. Nach dem Harry-Piel-Flop «Sein größter Bluff» (1927) sucht und findet Marlene ihre Rollen selbst. Sieber hat sich inzwischen an eine neue Frau gebunden, eine russische Tänzerin, die sich Tamara Matul nennt. Sie wird ihm ihre Karriere opfern, stets um ihn sein und nach und nach eine zweite Mutter für Marlenes Tochter «Heidede» werden. Das Kind liebt seinerseits die neue Gefährtin ihres Vaters über alles und schreibt, erwachsen geworden, die Geschichte ihrer leiblichen Mutter als narzisstische Zerstörungsgeschichte sowie ihre eigene und die Geschichte «Tamis» als Opfer- und Leidensgeschichte.

Marlene Dietrichs Leben zu Ende der zwanziger Jahre entspricht einem reichen Arrangement von Wirklichkeiten auf einer Drehbühne. Um sich in diesem Wirbel von Rollen- und Schauplatzwechseln nicht zu verlieren, hält Marlene an der seelischen Verbundenheit mit dem Vater des Kindes fest. Rudolf Sieber, der seine Aufgabe mehr und mehr in der unterstützenden Begleitung der Karriere seiner Frau findet (später wird er ihre Verträge aushandeln), erhält für Marlene die Bedeutung eines gelegentlich abwesenden, aber für wichtige Beratungen immer verfügbaren Vaters. Ihm kann sie alles anvertrauen. Diese Bindung existiert sozusagen außer Konkurrenz und bildet die Basis ihrer «Emanzipation», besonders vom engen Weltbild der Mutter.

Zurückgekehrt nach Berlin, gelingt Marlene 1928 auch dort ein weiterer Sprung. Die literarische Revue «Es liegt in der

Luft», Text von Marcellus Schiffer, Musik von Mischa Spoliansky, bringt den banalen Alltag auf die Bühne. Ort des Geschehens ist ein Warenhaus. Suchte man nach einem Kunstwerk, das die Lebenswelt der «Goldenen Zwanziger» mit Scherz, Satire, Ironie zur Anschauung bringt, man könnte kaum ein besseres finden.

Bereits im zweiten Bild, «Reste», tritt Marlene auf – mit Bein und Stimme, das heißt tanzend und singend. «Scherzartikel», «Kleptomanen», «Weiße Woche», «Nippes», «Musikalien», «Sportabteilung» und «Sisters» sind die Nummern, in denen Marlene und das Publikum voll auf ihre Kosten kommen. Der homosexuelle Librettist und Liederschreiber Marcellus Schiffer ist mit der lesbischen Schauspielerin Margo Lion verheiratet, die auch in dieser Revue eine große Rolle hat. Marlene wird auserkoren, mit dieser Berühmtheit gemeinsam ein Lied zu singen.

*Ich dachte, ich höre nicht recht,* schreibt Marlene in den Memoiren. *Die große Margo Lion wollte ein Lied mit mir singen? Nachdem ich mich einigermaßen erholt hatte, erklärte man mir, daß es sich um eine Parodie auf die «Dolly Sisters» handelte. Der Name des Liedes: «Wenn die beste Freundin mit der besten Freundin [...]».*[51] Der Witz dieses Liedes wie des ganzen Stückes liegt im Spiel mit Mehrdeutigkeit. Es bummeln zwei Freundinnen, leicht überkandidelt, und «quatschen» (was sich auf «latschen» reimt) in aller Harmlosigkeit. Eine heitere Parodie. Dann vereindeutigt sich der Text, indem ironisch operettenhaft – Oskar Karlweis singt nun mit – vom «Hausfreund» die Rede ist, der allerdings auch eine «Hausfreundin» sein kann. Das spielerische Vertauschen der Liebespartner, die genauso gut männlich wie weiblich sein können, findet im Berlin dieser Zeit nicht hinter den Kulissen statt. Lokale, Zeitschriften, Feste speziell für Lesben und Schwule gehören zu den Neuerungen des gesellschaftlichen Lebens dieser Zeit.

Über das Lied «Meine beste Freundin» schreibt der namhafte Theaterkritiker Herbert Jhering: «Eine unnachahmliche Mischung von Mondänität und ordinärem Schmiß, von Darstellung und Parodie, von saloppem Nebenbei und böser Schärfe.» An Marlene beeindruckt ihn die «delikate Haltung und müde Eleganz».[52]

«Es liegt in der Luft» wird vom 15. Mai bis zum August 1928 an einhundertvierzig aufeinanderfolgenden Abenden gespielt. Dann geht die Revue, allerdings ohne Marlene, auf Reisen, da ihr in Berlin die «Dreigroschenoper» Konkurrenz macht. Im Gesangsstil gibt es Ähnlichkeiten, auch in der Art mancher Texte – etwa wenn Marlene zusammen mit Hubert von Meyerinck das Lied «Kleptomanen» singt: «Viele Männer, viele Frauen – /oft so harmlos anzuschauen – /lieben das Gefühl, lieben das Gefühl/zu klauen./Welche Lust voller Erschrecken,/irgend etwas einzustecken ... /Wir haben einen kleinen Stich:/Wir stehlen wie die Raben, trotzdem wir es ja eigentlich/gar nicht nötig haben./Uns treibt nicht finanzielle Not,/nein, ein ganz andrer Grund:/Wir tun's aus sexueller Not – / aber sonst fühl'n wir uns gesund,/aber sonst fühl'n wir uns gesund.» [53]

Das Alltagsleben entfaltet sich kurz vor der Weltwirtschaftskrise im Übergang zwischen Inflation und Naziterror, zwischen inflationärer Expansion aller Lebensformen und erneuter Reglementierung. Von heute aus gesehen wirkt die Ausgelassenheit dieser Revuen wie unbewusster Galgenhumor. Extrem hohe Arbeitslosigkeit existiert unvermittelt neben extrem zugespitzter Vergnügungs- und Ver-

Zwischen 1922 und 1929 spielt Marlene Dietrich in folgenden deutschen Stummfilmen eine Rolle:
So sind die Männer/Der kleine Napoleon bzw. Napoleons kleiner Bruder (Regie: Georg Jacoby)
Tragödie der Liebe (R: Joe May)
Der Mensch am Wege (R: Wilhelm Dieterle)
Der Sprung ins Leben (R: Johannes Guter)
Manon Lescaut (R: Arthur Robison)
Eine Dubarry von heute (R: Alexander Korda)
Der Tänzer meiner Frau (R: Alexander Korda; Produktionsassistent Rudolf Sieber)
Madame wünscht keine Kinder (R: Alexander Korda; Aufnahmeleitung Rudolf Sieber)
Kopf hoch, Charly (R: Willi Wolff)
Der Juxbaron (R: Willi Wolff) – Hauptrolle
Sein größter Bluff (R: Harry Piel; Assistent Rudolf Sieber)
Café Electric ( Österreich), dt. Wenn ein Weib den Weg verliert (R: Gustav Ucicky)
Prinzessin Olala (R: Robert Land)
Ich küsse Ihre Hand, Madame (R: Robert Land) – Hauptrolle
Die Frau, nach der man sich sehnt (R: Kurt Bernhardt) – Hauptrolle
Das Schiff der verlorenen Menschen (R: Maurice Tourneur) – Hauptrolle
Gefahren der Brautzeit (R: Fred Sauer) – Hauptrolle

gessenssucht. Marcellus Schiffer, morphiumsüchtig geworden, nimmt sich 1932 das Leben.

In dieser Zeit hat Marlene ihre ersten Erfolge. Auf dem Grammophon, das wie Marlene in den zwanziger Jahren mit seiner Karriere beginnt, kann man ihre Stimme nun überall hören. Die Seidenstrumpffirma Etam wirbt mit ihren Beinen, die man nun überall sehen kann. Eine amerikanische Zeitung bringt den ersten Abdruck eines Porträtfotos mit der Unterschrift: «Fräulein Marceline (!) Dietrich, die hübsche, junge deutsche Film- und Bühnenschauspielerin, hat gegenwärtig ein Engagement in Berlin.»[54] Der UFA-Regisseur Robert Land gibt ihr die Titelrolle im Film «Prinzessin Olala».

Marlene Dietrich wird beachtet. Man vergleicht sie mit Greta Garbo, der aus Schweden stammenden Diva, die nach einem Zwischenhalt in Deutschland bereits den Sprung nach Hollywood geschafft hat. «In ‹Prinzessin Olala› […], einem sonst nicht sehr wesentlichen Operettenfilm, hat Regisseur Robert Land das Verdienst, endlich Marlene Dietrich zu ihrem ersten Filmerfolg zu verhelfen. Da sind Garbo-Augen, eine Swanson-

Greta Garbo. Rollenbild
aus «Mata Hari», 1931

Nase, Bewegungen von einer selbstverständlichen erotischen Spannung und Fülle, wie wir sie sonst resigniert an manchen Amerikanerinnen bewundern. Eine ganze Generation leerlaufender Verführungsdamen kann durch diese Schauspielerin entthront werden, wenn sie in die Hände kluger, unängstlicher Regisseure kommt.»[55] So schreibt mit leicht prophetischem Blick der Kritiker Axel Eggebrecht.

Auch in dem Robert-Land-Film «Ich küsse Ihre Hand, Madame» spielt Marlene wieder eine Hauptrolle, diesmal mit dem charmanten Harry Liedtke. Wieder verbindet die Kritik ihr Lob mit Garbo-Reminiszenzen. Der Kritiker Hanns G. Lustig verwahrt sich dagegen: «Es gab zunächst die zweifelhafte Sensation des Tonfilms: mit blechernem Getöse, mit gruselig verzerrten Menschenstimmen, die krähend aus dem Kellerloch der tiefsten Unkunst kamen; dann einen kleinen stummen Film, und darin das Gesicht einer Frau. Marlene Dietrich. [...] Warum aber malt man [ihr] die Frisur der Schwedin an, warum steckt man sie in die Kleider der Garbo? Wenn auch die Deutsche (die nicht allzu viel typisch Deutsches hat) eine ähnlich seltene, seltsame, lockende Sprache der stillen Lässigkeit hat ... Warum sucht man nicht die Persönlichkeit dieser Frau, anstatt ihr eine fremde aufzuzwingen? Eine Debütantin des Films. Nicht oft gab ein Anfang so liebenswürdige Bürgschaft für die Zukunft.»[56]

Ein anderer Kritiker sieht in der Rolle und in der Schauspielerin einen «neuen Frauentyp, eine Mittelblondine mit etwas müdem Augenlid und schönem Frauenmund: Marlene Dietrich. Sie ist schlechthin Madame, der die Hand geküßt wird. Ihr Format ist nicht übel, wenn sie, trotz des matten Augenaufschlags, Rache schmecken läßt. Erotik und doch Stil haben, Madame sein und doch durchbrennen können, das ist der neue Typ.»[57]

Verblüffend nah kommen sich hier die Rollen im «wirklichen Leben» und auf der Leinwand. Offenbar nehmen die Filme Strömungen der Zeit wahr und gestalten sie wie in einem Spiegel.

Der Filmregisseur Kurt Bernhardt reklamiert das Verdienst, Marlene von der Bühne weg für den Film entdeckt zu haben. 1929 wählt er sie für die Titelrolle der Stascha in «Die Frau, nach der man sich sehnt», der Verfilmung eines gleichnamigen Romans von Max Brod. Sehnsucht, Verlorenheit, Besessenheit, verrücktes Glück für Augenblicke, Trennung und Tod umschreiben den Komplex, der sich melodramatisch entwickelt. Marlenes Partner ist der große Bühnen- und Filmschauspieler Fritz Kortner. Bernhardt rückt Marlene als Schauspielerin von Zwischentönen und angedeuteten Gefühlslagen in den Blick.

In zwei weiteren Stummfilmen erhält sie die Hauptrolle. Doch seit Al Jolson am 27. Dezember 1927 in einem amerikanischen Film von der Leinwand her – allen hörbar – seine Stimme erklingen ließ, ist der Stummfilm in die Krise geraten. Stilisten verteidigen seine zweifellos vorhandenen Stärken, aber der Wunsch der Zuschauer und der Ehrgeiz der Techniker geht unüberhörbar in Richtung Tonfilm, wenn auch die ersten Versuche nur mit Toleranz für das in Entwicklung befindliche Medium zu ertragen waren. «Das Schiff der verlorenen Menschen», ein aufwendiger und ehrgeiziger realistischer Schinken von

Zwei spätere Stars gemeinsam auf der Bühne:
Marlene Dietrich und Heinz Rühmann (2. v. l.) in George Bernard Shaws «Eltern und Kinder», Berlin 1928. Rechts von ihnen O. Wallburg, Paul Hörbiger und Oskar Sima

Maurice Tourneur, und auch die «Gefahren der Brautzeit» mit Willi Forst sind gewissermaßen Totgeburten, Projekte ohne Aussicht auf Erfolg.

Marlene hat ihre schauspielerische Frühzeit später verleugnet; alle bislang erwähnten Auftritte bestimmt sie als apokryph. Doch kritische Weggefährten wie die Filmhistorikerin Lotte Eisner, deren Urteil man trauen kann, da sie Marlene nicht gerade gewogen war, würdigen Marlenes Spiel dieser Jahre. Lotte Eisner beschreibt Marlene in ihrem letzten Stummfilm als «Frau, die geheimnisvoll traurig im Eisenbahncoupé auftaucht [...], reizvoll in ihrer Mischung von geheimnisvollem Tun und seltsamer Passivität, das schöne Gesicht von Trauer überschattet.»[58] Marlene ist längst schon nicht mehr die «Kartoffel mit Haaren» wie in ihrem ersten Auftritt 1922 in dem Film «So sind die Männer». Mit Einwortsätzen speist man sie auch nicht mehr ab. Doch in ihren Memoiren, die sich auf diese Zeit beziehen, stellt sie sich immer noch dar als *eine kleine Unbekannte*[59], die ihre Verankerung in der privaten Idylle findet: *[...] meine Tochter tat ihre ersten Schritte, mein Mann war von einer langen Reise zurück. Alles lief bestens zu Haus.*[60] Die Tochter war inzwischen fünf Jahre alt, und der Ehemann teilte zwar noch die Wohnung mit ihr, wenn sie in Berlin war, in Wirklichkeit aber lebte er an der Seite von Tamara Matul.

Für Marlene Dietrich gilt als Realität nicht das Faktische. Es muss etwas Höheres sein, das in den banalen Alltag eingreift und das Gefühl vermittelt, auserwählt zu sein. Ereignisse, die nur Folge menschlichen Tuns und Eifers sind, können niemals eine ähnliche Intensität der Wirkung erreichen. Durch Wohlverhalten und Fleiß lässt sich nicht in Erfahrung bringen, ob das Schicksal es wirklich gut mit einem meint, ob man wirklich willkommen ist in dieser Welt.

In dem mit den anderen geteilten Alltag kann dieser intensive Wunsch nach dem Außerordentlichen durchaus den Charakter der Lüge annehmen. Nichts konnte Marlene Dietrich hemmen, aus etwas Gewünschtem ein wirkliches Ereignis zu machen, so wie das Kinder tun.

Im September 1929 sitzt im Zuschauerraum des «Berliner Theaters» ein erlesen gekleideter Regisseur aus Hollywood, Josef von Sternberg. Gespielt wird das Revuestück «Zwei Krawatten». Das Libretto stammt von Georg Kaiser, dem neben Carl Sternheim berühmtesten Dramatiker des Expressionismus. Mischa Spoliansky hat die Musik komponiert. Regie führt Robert Forster-Larrinaga. Hans Albers, Liebling der Frauen, und die Kabarettistin Rosa Valetti spielen mit und haben bereits ein Anschlussengagement. Die Comedian Harmonists sind ebenfalls mit von der Partie. Und auch Marlene Dietrich. Der amerikanische Regisseur ist auf der Suche. Die weibliche Hauptrolle für den Tonfilm, den er im Auftrag der UFA mit Emil Jannings in der Hauptrolle drehen wird, macht ihm Kopfzerbrechen. Er hat ein ganz bestimmtes Bild von dieser Frau. Unbedingt will er das «Duplikat» einer von Félicien Rops im vergangenen Jahrhundert gezeichneten Frau in Berlin finden. Von Sternberg sucht – wie ein Maler – nach seinem Modell, nach dem Medium für seine Vision.

# Leibhaftig:
# Der blaue Engel
# (1930)

In dieser Aufführung sah ich Fräulein Dietrich in Fleisch und Blut, wenn man das sagen kann, denn sie hatte sich so vermummt, als versuche sie, jeden Teil ihres Körpers zu verbergen. [...] Aber es war das Gesicht, das ich suchte, und soweit ich erkennen konnte, stand ihre Figur dem in nichts nach. Außerdem besaß sie etwas, was ich nicht erwartet hatte, und das verriet mir: die Suche war beendet. Sie lehnte sich mit kalter Verachtung für die grotesken Possen an die Kulissen. Das stand in deutlichem Gegensatz zu dem Übereifer der anderen [...]. Sie trug eine eindrucksvolle Gelassenheit zur Schau [...]. Ich wußte deshalb, sie würde dem Sturm, den die Frau in meinem Film auslöste, klassisches Format geben.» [61]

Marlenes Kommentar in den Memoiren: *[...] es stimmt, daß er von nun an nur noch einen Gedanken im Kopf hatte: mich vom Theater wegzubringen und aus mir eine Filmschauspielerin zu machen, mich zu «pygmalionisieren».* [62] Weder bei dem UFA-Produzenten Erich Pommer noch bei dem Hollywood-erprobten und berühmten Emil Jannings, dem es gelungen war, von Sternberg für den ‹ersten› deutschen Tonfilm nach Berlin zu holen, löst die Wahl für die weibliche Hauptrolle Begeisterung aus. Marlene Dietrich sei einfach keine Schauspielerin, lässt man den Regisseur wissen. Er setzt dagegen: «Ohne das Elektrisierende einer neuen und erregenden Frau wäre der Film kaum mehr als eine Studie über die Torheit eines Schultyrannen [...].» [63]

Literarische Vorlage für den Film ist der Roman «Professor Unrat» von Heinrich Mann aus dem Jahre 1905. Der Roman wird für das neue Medium Film umgestaltet. Unter Mitarbeit Heinrich Manns kommen Karl Vollmoeller, Carl Zuckmayer, Robert Liebmann und Josef von Sternberg überein, den Schwerpunkt des Films auf die Wandlungsgeschichte und Lebenskrise des Professor Unrat zu verlagern. Demgegenüber tritt die Abrechnung mit dem Symbol des grotesk gezeichneten Tyrannen der Kaiserzeit, ein Komplex, den die literarische Vorlage nahe legt, in den Hintergrund.

Zuckmayer beschreibt, wie nach vielen Gruppendiskussionen in der Kochstraße, dem Sitz der UFA, endlich «gearbeitet wurde. Es entstand ein ausführliches Exposé, was die Fachleute ‹Treatment› nennen, dann ein erstes Drehbuch, dann ein zweites Drehbuch, und dann machte der Regisseur, was er wollte. Und da es sich hier um einen wirklich produktiven Regisseur handelte, der alles, was an Anregungen von außen kam, in sich aufnahm, verarbeitete, und nicht vergewaltigte, sondern sich künstlerisch umformte, war es so auch ganz in Ordnung.» [64]

Filmplakat, 1930

Marlene erhält bereits am Tag nach von Sternbergs Theaterbesuch einen Termin zum Vorsprechen. Von Sternberg ist fasziniert von Marlenes Auftritt: Sie «tat nicht das geringste, um mein Interesse zu wecken. Sie saß in einer Ecke des Sofas gegenüber meinem Schreibtisch, schlug die Augen nieder und war die verkörperte Gleichgültigkeit.» [65]

Marlene will nicht ausgesucht werden, weil sie sich anstrengt; sie will vielmehr erkannt oder auserwählt werden. Mit ihrer zur Schau gestellten Gleichgültigkeit benimmt sie sich, als wäre sie unter einem Bann, der nicht durch eigenes Bemühen, sondern nur durch einen Zauberspruch gelöst werden kann. Von Sternberg spürt, dass Marlene ihren Magier sucht, der sie nach seinem Bild verwandelt. Mit Probeaufnahmen will der Regisseur herausfinden, ob der Mensch vor der Kamera von ihm inszeniert werden kann, ob «der Schauspieler wie eine Flamme aufleuchtet oder erlischt». Über Marlene berichtet er: «Dann warf ich sie in das Feuer meiner Konzeption und verschmolz ihr Bild mit meinem. Ich tauchte sie in Licht, bis die Alchemie gelungen war […]. Sie erwachte zum Leben und reagierte auf meine Anweisungen mit einer Leichtigkeit, wie ich es bislang noch nie erlebt hatte.» [66]

Emil Jannings spürt während der Dreharbeiten, dass zwischen Marlene und von Sternberg ein ganz besonderes Fluidum entsteht, und leidet darunter. Um spielen zu können, braucht er die ungeteilte Liebe seines Regisseurs. Eifersüchtig mag er auch befürchten, dass von Sternbergs neues Geschöpf ihm bei all der Unterstützung den Rang ablaufen könnte. Dass seine Gage ein Zehnfaches der Gage von Marlene Dietrich beträgt, hilft über dieses Problem nicht hinweg, auch nicht die Tatsache, dass er der erste Schauspieler ist, der den Darsteller-Oscar erhalten hat, und zwar in dem Von-Sternberg-Film «The Last Command». Mit infantiler Bettelei um Zuwendung, mit kindlichen Wutausbrüchen und kompensatorischer Fresssucht, so erinnert sich von Sternberg, hat Jannings die Dreharbeiten belastet.

> Ich weiß genau, weshalb ich einen Schauspieler wähle. Er soll das darstellen, was ich sichtbar machen möchte. Ein Schauspieler wird engagiert, weil er geeignet ist, meine und nicht seine Vorstellungen sichtbar zu machen.
> **Josef von Sternberg, 1965**

Als Professor Unrat ist Jannings ein tadelloser, sittsamer Don Quijote der wilhelminischen Gesellschaft, der allenfalls mit dem Vögelchen in seinem Käfig kokettiert. Er folgt seinen «verworfenen» Pennälern in die berüchtigte Bar «Der blaue Engel» und gerät nolens volens in die Untiefen seiner eigenen, bislang nicht freigelassenen Sehnsucht nach zärtlicher Aufmerksamkeit. Die «Künstlerin» Lola Lola, Varieté-Sängerin und leichtes Mädchen, spielt mit ihm, kommt ihm entgegen, wickelt ihn um den Finger, macht sich lustig über ihn, heiratet ihn – und lebt weiter wie zuvor. Unrat wird zu einer traurigen Gestalt und zum Gespött der Menschen. Er zerbricht daran, dass seine Lebensgrammatik in der Welt der Jugend, der Künstler und Artisten nicht gilt. Er versteht einfach nicht, was um ihn und in ihm geschieht.

Über Marlene Dietrich schreibt der Regisseur in seinen Memoiren lapidar: «Die Kreation eines neuen Filmstars, ein zufälliges Nebenprodukt des ‹Blauen Engel›, geschah nicht langsam. Niemand und bestimmt nicht das ‹zufällige Nebenprodukt› war sich der rasanten und dramatischen Umwandlung von einer vergleichsweise unbekannten Frau in eine internationale Berühmtheit bewußt. Selbst die Verantwortlichen der UFA erkannten es nicht, als sie den fertigen Film sahen, denn sie machten keinen Gebrauch von der Option, sich die Dienste von Frau Dietrich auch weiterhin zu sichern [...].»[67]

Von Sternberg meint, die UFA habe im Jahr 1930 andere Probleme gehabt, nämlich, ob dieser von einem Nicht-Deutschen gedrehte deutsche Film auch deutsch genug sei. Ein deutscher Gymnasialprofessor, der Anstand und Moral vergisst und sich dergestalt irrational verhält, hätte beim Publikum auf Ablehnung stoßen können. Auch die Rolle der Lola Lola war aus konservativer Sicht nicht gerade geeignet, der deutschen Frau als Vorbild zu dienen.

Sieht man den Film heute, nach über siebzig Jahren weiterer Filmproduktion, fällt einem die besondere «Machart» auf. Die Gestaltungsmittel geraten in den Blick. Auffallend ist die schöne Langsamkeit der Bilderfolge, dann der sparsame Einsatz von Sprache, ähnlich reduziert wie die Texte des Stummfilms, weiterhin die Auslegung von Musik und Bild. Die Melodie des Liedes «Üb immer Treu und Redlichkeit bis an dein kühles Grab und weiche keinen Finger breit von Gottes Wegen ab» geht nahtlos über in die Melodie des Liedes «Ich bin von Kopf bis Fuß auf Liebe eingestellt, denn das ist meine Welt und sonst gar nichts. Männer umschwirren mich wie Motten um das Licht, und wenn sie verbrennen, ja dafür kann ich nicht». Damit sind ohne langes Reden und Erklären die beiden Pole bestimmt, zwischen denen sich Problem, Neigung, Konflikt, Spannung aufbauen.

Nachwehen des expressionistischen Films zeigen sich im Spiel von Hell und Dunkel sowie in dem an Robert Wienes «Das Kabinett des Dr. Caligari» (1920) erinnernden Umgang mit Schatten. Das Filmgeschehen entwickelt sich in Bildern, die bewusst als Bilder konstruiert sind. Der Film kann sich seine Langsamkeit leisten, weil er etwas zum Betrachten bietet. Das Erleben des Zuschauers wird mitgeformt von Dingen, die im Ganzen des Films symbolische Bedeutung erlangen (toter Vogel, schnatterndes Federvieh, mit Wassern gewaschenes Plakat der Lola Lola, ein Katheder, die Scham bedeckenden Federn, ein mechanischer Amor, Eier, Tauben, Schatten usf.). Filmschnitte, Montage und Großaufnahmen tragen zur Eigenart des Filmes bei. Jannings spielt sparsam und zurückgenommen. Marlene Dietrich wirkt geradezu natürlich und ausgesprochen liebenswert.

Die erste Begegnung der beiden Protagonisten zeigt einen Kontrast zwischen der sich unbefangen entkleidenden und mit verändertem Kostüm ankleidenden Tingeltangeltänzerin und der gezierten, keuschen Zimperlichkeit des Gymnasiallehrers, den man damals Professor nannte. Für Lola Lola ist es das Natürlichste von der Welt, ihren Körper nahezu unverhüllt sehen zu lassen. Wenn sie Unrats Befangenheit ironisch kommentiert, wird deutlich, wie verquer sich dessen Umgang mit Körper und Sexualität entwickelt hat. Lola Fröhlich, reizvoll knapp bekleidet mit Strapsen, Korsett und Spitzenunterwäsche, zieht sich mit senkrecht gestelltem Fuß die Strümpfe aus. Aber das wirkt nicht wie eine gezielt eingesetzte verführerische Aktion. Sie holt allenfalls den Mann da ab, wo sein Umgang mit Frauen stecken geblieben ist. Wenn sie ihm verspielt ihr Make-up-Puder ins Gesicht pustet, beginnt er zu husten wie ein Kind, und Lola Lola putzt und tröstet ihn wie ein Kind.

Professor Unrat wirkt wie ein hinter ängstlicher Korrektheit verbarrikadierter kleiner Junge, liebenswert und lächerlich zugleich. Verwundert kann er kaum seinen Augen trauen, wenn er sieht, wie freundlich und natürlich das von ihm als verworfen Qualifizierte hier erscheint. Man kommt als Zuschauer nicht umhin, ihm Gutes zu wünschen. So ist man dann betroffen, wenn ihm der Sprung aus seiner alten Welt nicht gelingt. Er kann sich nicht zur Wehr setzen gegen den bösen Blick der Kollegen, die die wilhelminische Maske überlegener Moral nicht ablegen. Unrat hat das Spielen nicht erlernt. Er fühlt sich von den Entrüsteten in die Enge getrieben und verbeißt sich in eine komische Ritterlichkeit und Sturheit. Um der üblen Nachrede

Marlene Dietrich als Lola Fröhlich in «Der blaue Engel», 1930.
Rechts von ihr Rosa Valetti

ein Ende zu setzen, heiratet er kurzerhand die «Künstlerin» Fröhlich. Die ist verblüfft, dass sich überhaupt ein Mensch, geschweige denn der Professor, für «so jemanden» wie sie engagiert, indem er sie schützt, verteidigt und heiratet. Sie kann gar nicht aufhören zu lachen.

Aus dem Amt entlassen, herausgefallen aus der bürgerlichen Ordnung, findet Unrat keinen Zugang zur Gegenwelt der Artisten, Zauberkünstler und Glücksjongleure. Er leidet an seiner Erniedrigung, lässt sich gehen und kommt regelrecht herunter. Aus dem steifen Zylinder wird ein zerbeulter Schlapphut. Unversehens rutscht er auf der Tingeltangelbühne wie auf der Bühne des wirklichen Lebens in die Rolle des dummen August.

Als er in der Schlusssequenz den Bürgern seiner Stadt in dieser Gestalt vorgeführt wird und gleichzeitig sehen muss, wie Lola, enttäuscht von ihrem «Ritter», von einem Schmierenkomödianten umarmt wird, kann er nicht mehr. Paralysiert und alarmiert zugleich kann er als dummer August das «Kikeriki» nicht herausbringen. So werden die aus seiner Nase hervorgezauberten Eier wütend auf seinem Kopf zerschlagen, bis schließlich beim Anblick der Kussszene zwischen Marlene und Hans Albers eine Folge von Kikeriki-Schreien aus ihm hervorbricht, wie aus einem wund gemarterten Tier. Er verfängt sich in Tüllvorhängen, stürzt hinter die Bühne und wütet, würgt seine Frau, zerschlägt das Inventar. Man kommt mit einer Zwangsjacke. Dann sieht man ihn vor seiner alten Schule. Sein Schatten erscheint riesig auf der Mauer – wie auf seinem ersten Gang zum Blauen Engel, wo er seine unsittlichen Buben stellen wollte. Der Schatten, die nicht gestaltete Welt seiner verborgenen Träume und Erinnerungen, die Sehnsucht nach einem Leben, das nicht beherrscht von den gesellschaftlichen Regeln der Zeit mit Gewalt in Schach gehalten werden muss, all das berührt den Zuschauer.

Lola Lola lässt sich nicht unterwerfen. Lebenspraktisch, verständnisvoll, ungemein freundlich, attraktiv und hübsch lebt sie in dem von der wilhelminischen Moral gleichsam als kompensatorische Maßnahme geschaffenen Freiraum für Narren, Clowns und frivole «Mädchen». Lola Fröhlichs Welt gibt all das zum Betrachten und Erleben frei, was im bürgerlichen Heldenleben der Gymnasialprofessoren der Zensur anheim fällt. Die Lieder mit ihrem dreisten Ausdruck sexueller Unbefangenheit sind ja nur Lieder, gesungen auf einer Bühne, und keine Tagebucheintragungen: «Kinder, heut Abend, da such ich mir was aus, einen Mann, einen richtigen Mann [...].»

Die Lieder und die witzigen, intelligenten Texte des Komponisten, Musikers, Schriftstellers, Regisseurs und Kabarettisten Friedrich Hollaender, Schüler des Komponisten Engelbert Humperdinck, sind ein wunderbares Mittel gegen die Verbiederung der gesellschaftlich Maskierten.

Heinrich Mann spendete dem Film höchstes Lob. Für ihn war Marlene Dietrich «die leibhaftige Verkörperung der Lola Lola. [...] Wenn sie in dem Film zum letzten Mal den berühmten Refrain ‹Ich bin von Kopf bis Fuß auf Liebe eingestellt [...]› singt, verdeutlicht sie mit einer erschreckenden Intensität die Philosophie des Werkes. Sie verkörpert durch und durch die fleischliche Liebe mit ihrer Wollust, ihren Bloßstellungen, sie singt ihr eigenes Schicksal und das des gebrochenen Mannes, der sich durch die verschneiten Straßen an seinen letzten Zufluchtsort schleppt.»[68]

Am 30. Januar 1930, der Film ist gerade abgedreht, erhält Marlene Dietrich ein Telegramm von B. P. Schulberg, Boss der Filmgesellschaft Paramount in Hollywood. Von Sternberg hatte ihm die Probeaufnahme mit Marlene gezeigt. Paramount will Marlene Dietrich als neuen Star gegen die erfolgreiche «göttliche» Garbo bei Metro-Goldwyn-Maier in die Schlacht um Zuschauermassen schicken. Greta Garbo hatte ihren Durchbruch in engster Zusammenarbeit mit ihrem Regisseur, Moritz Stiller, geschafft. Das sieht fast aus wie ein Vorbild für das Gespann von Sternberg / Dietrich.

Jedenfalls wird Marlenes Auftritt im «Blauen Engel» allenthalben gelobt. Herbert Jhering sieht in Marlene Dietrichs Spiel «Das Ereignis [...]. Sie singt und spielt fast unbeteiligt, phlegmatisch. Aber dieses sinnliche Phlegma reizt auf. Sie ist ordinär, ohne zu spielen. Alles ist Film, nichts Theater. Zum erstenmal kommt eine Frauenstimme im Tonfilm mit Timbre, Klangfarbe, Ausdruck heraus. Außerordentlich.» [69]

Als Jhering seine Kritik schreibt, ist Marlene bereits zu Schiff in die Vereinigten Staaten unterwegs, mit der «SS Bremen». Direkt nach der Premiere, die am 1. April 1930 im Gloria-Palast in Berlin mit großem Applaus endet, verlässt sie Mutter, Mann und Kind, Freunde und gute Beziehungen, ihre Heimatstadt, ihre Muttersprache, ihr Vaterland, an dem es für politisch Uninteressierte noch nicht so viel zu beanstanden gibt wie wenige Jahre später. Allerdings ist die wirtschaftliche Lage seit dem New Yorker Börsenkrach, Ende Oktober 1929, geradezu beängstigend. Das Angebot der Paramount: «Anfangsgage von fünfhundert Dollar die Woche mit Steigerung bis zu dreitausendfünfhundert Dollar die Woche im siebenten Jahr» [70] hat wohl auch den Ehemann überzeugt. Von Stund an ist Marlene der Ernährer der Familie, inklusive Tami und Personal. Marlene Dietrich kauft sich ihre Freiheit.

Eine Sternstunde in der Kulturgeschichte der Weimarer Republik, einer der erfolgreichsten und bekanntesten deutschen Filme, heute auf Platz sieben in der Liste der wichtigsten deutschen Filme, ein Mythos, ein Meilenstein, das Immergrün der Sonntagsmatinee – das alles und noch viel mehr ist «Der blaue Engel».
**Werner Sudendorf, 1996**

# Künstlichkeit:
# Die gemachte Frau
# (1930 – 1935)

**W**ährend der Überfahrt ist Marlene bemüht, ihr Leben zusammenzuhalten, dass es nicht in Vergangenheit und Zukunft zerfällt. Sie sendet Telegramme und erhält auch welche:

*1. April. 1930 3.16 Uhr*
*Vermisse dich sehr Papilein bedaure reise schon Stop sag meinem Engel dass ich den Film nie sah und nur an sie dachte Stop Gutenachtkuesse/Mutti*

Rudi kabelt zurück:

«Vermisse Dich Mutti Stop Kritiker liegen dir zu Fuessen Stop Jannings lobend erwaehnt aber es ist kein Emil Jannings Film mehr Stop Marlene Dietrich laeuft ihm Rang ab Stop dem Kind geht es gut Stop kuesse dich sehnsuechtig/Papi»

Soweit die Rückversicherung. Das zweite Kabel verbindet sie mit der nächsten Zukunft. Von Sternberg lockt mit dem neuen Projekt:

«3. April 1930 12.35 Uhr
Ich beglueckwuensche uns beide Stop neuer Film heisst Marokko nach der Geschichte Amy Jolly aus dem Buch das Du in mein Gepaeck getan hast Stop Du wirst wieder fabelhaft sein/Jo»

Marlene fragt, wer ihr Gegenspieler sein werde. Gary Cooper wird es sein. Dann bedankt sich von Sternberg für ein überschwängliches Telegramm (das wir leider nicht kennen) und scheint vor etwas zu warnen:

«Kuessen Sie nicht meine Hand Madame Stop Du hast meiner Kamera erlaubt Dir zu huldigen und Du wiederum hast Dir selber gehuldigt/Jo»[71]

Der Filmkünstler und sein Geschöpf: Josef von Sternberg und Marlene Dietrich. Werbefoto der UFA

Er scheint sich über etwas geärgert zu haben; das kabelt Marlene direkt nach Berlin, wie sie überhaupt ihre nächsten Schritte und ihre aktuellen Erfahrungen mitteilt.

Die intime Geschichte von Marlene Dietrich und Josef von Sternberg muss noch geschrieben werden, die Geschichte von zwei Besessenen, zentriert um die Kunst von Darstellung und Selbstdarstellung. Wie sie sich gegenseitig zu Höchstleistungen getrieben, angestachelt und durchaus auch gequält haben. Eine aufregende «folie à deux», die sich steigerte und dramatisch zuspitzte in einem die Partner bindenden Muster, das ein Psychoanalytiker wohl als sadomasochistisch klassifizieren würde. Gleichzeitig war es eine narzisstische Liebe zwischen Schöpfer und Geschöpf.

Dass von Sternberg die Schauspielerin Marlene gestaltet, indem sie zum wichtigsten Ausdrucksmittel seiner künstlerischen Vision vom Film wird, zeigt bereits «Der blaue Engel». Im Alter zurückblickend auf die gemeinsame Zeit, schreibt Marlene Dietrich: *[…] nur durch seine geheimnisvollen Methoden wurde ich zum Leben erweckt. Ich war nichts als ein gefügiges Werkzeug, eine Farbe auf der reichen Palette seiner Ideen und Bilder. […] Ich war da und sah, wie es war. Ich sah das Wunder – jung wie ich war, sah ich tatsächlich das Wunder.*[72]

Nur ein Werkzeug? Das stimmt nicht ganz. Jedenfalls für den ersten Film, der nun in Hollywood gedreht werden soll, hat sie den Stoff ausgewählt. Und was Marlene als Wunder bezeichnet, entsteht natürlich nicht ohne harte Arbeit. «Es ist die Aufgabe des Regisseurs, einem großen Stab und vielen hundert Schauspielern und Schauspielerinnen, freundlichen und unfreundlichen, hilfreichen und feindseligen Menschen Anweisungen zu geben.»[73] Das betont von Sternberg in seiner Autobiographie immer wieder. Mit den Anweisungen muss er bisweilen sehr weit gegangen sein. Sein Requisit bei den Dreharbeiten war, ohne Scherz, eine Reitpeitsche. Nach seiner Auffassung übertreiben die Schauspieler ihre Bedeutung. «Was man im Film sieht, ist ein Zusammenspiel von Licht und Schatten, von Vordergrund und Hintergrund, Punkt und Kontrapunkt, Einbeziehung und Ausklammern von Inhalten, ein Gleichgewicht optischer und akustischer Wirkungen.»[74]

Im Gefüge dieser Vielfalt bestimmt sich die Bedeutung und Wirkung des Schauspielers, auch die der Marlene Dietrich. «Im allgemeinen sind diejenigen, die Erfolg haben, die Geschöpfe des Autors oder des Regisseurs, der für seine Zwecke eine Puppe braucht, die er wegwirft, wenn sie ihren Zweck erfüllt hat. Diese ‹Puppe› hat ein schweres Leben.»[75]

Marlene ist die Puppe, an welcher sich von Sternbergs Ideal von der Frau materialisieren soll. Das materialisierte Bild wirkt dann allerdings bei der Gestaltung der Vielfalt wiederum mit. Davon schweigt der Regisseur jedoch in seinem Lebensrückblick, der, abgesehen von den klugen Gedanken über den Film, ganz der Selbsterhöhung gewidmet ist.

Am 7. April erreicht die SS Bremen mit zwei Tagen Verspätung New York, passiert die Freiheitsstatue, und Marlene ist ganz beklommen zumute angesichts der Freiheit, die nun in der Neuen Welt, die ihr ganz fremd ist, gestaltet werden muss.

*HABE ANGST DAS DEUTSCHE SCHIFF ZU VERLASSEN DIE LETZTE VERBINDUNG ZU MEINER MUTTERSPRACHE MEINER HEIMAT DEN VERTRAUTEN GEBRAEUCHEN STOP LIEBE KUESSE/MUTTI*[76] kabelt sie noch einmal nach Berlin.

Der Produktionschef der Paramount an der Ostküste, Walter Wanger, nimmt sie mit einer Gruppe von Leuten in Empfang. Ihr graues Kostüm – ganz unmöglich für Fotos, sie soll sich in schwarzem Kleid und Nerz auf ihre Koffer setzen. Aber es ist sehr warm, die Aufforderung kommt ihr affig vor. Im Hotel «The Ambassador» soll sie sich für die Pressekonferenz wie zur «Cocktail Hour» kleiden – aber was ist damit gemeint, wie würde das aussehen? Man fragt sie, wie ihr Amerika gefällt – aber wie soll sie darauf antworten, sie hat es doch noch gar nicht kennen gelernt. Sie fürchtet daher, etwas blass gewirkt zu haben. Als Wanger ihr am Abend beim Tanzen zu nahe kommt, verlässt sie heimlich das Lokal, ruft von Sternberg an, der sofort bereit ist, sie zu retten. Sie nimmt den Zug nach Chicago. Er kommt ihr auf halbem Wege entgegen. So muss sie die Ankunft in Hollywood nicht allein bestehen. *Was ein Trost, daß Jo hier das Sagen hat.*[77]

Am 14. April sendet Marlene bereits von Beverly Hills aus die Neuigkeiten nach Berlin. *Papilein, also, «die größte Entdeckung des Jahrhunderts» ist jetzt in Hollywood. Ich wohne in einem hübschen kleinen Haus, das Jo für mich in Beverly Hills gemietet hat. Das ist eine vornehme Gegend nicht weit vom Studio entfernt. Bei der Ankunft in Pasadena ging alles glatt. Blumen, und ein grüner Rolls-Royce, vom Studio geschenkt. Ich habe zwei Dienstmädchen, so hat Resi [das Mädchen, das Marlene von Berlin aus begleitet hat] Unterhaltung, wenn sie endlich ein paar englische Worte lernt. Jo hat ein Bankkonto mit 10 000 Dollar vom Studio für mich eröffnet. Er hat mir gezeigt, wie man Schecks schreibt. Ich lege einen für 1000 Dollar bei. Mein erster*

*Scheck. Rahme ihn nicht ein. Benütze ihn. Mit so was hat man gar nicht das Gefühl, daß es richtiges Geld ist.* Dann erwähnt sie noch das milde Klima, den immer blauen Himmel, die Arbeit an den Kostümen und dass ihr jeden Tag jemand den Text vorsagen wird, sodass sie gar nichts auswendig lernen muss. *Ich versuche, nichts zu essen. In Berlin sah ich gut aus, aber was zu einer drallen Hure aus Lübeck paßte, paßt nicht zu «Marokko». Amy Jolly muß elegant und geheimnisvoll sein.*[78] So will es nicht eigentlich der neue Filmstoff, sondern das Frauenbild, das dem Regisseur vorschwebt: elegant und geheimnisvoll.

Künstlichkeit wird zum Ideal. Dazu gehört die Idolisierung des Gesichts zur Ikone, die Minimalisierung von Ausdruck und Bewegung, ein Verweilen der Gebärde, ein Nachhängen des Blicks. Marlene Dietrich gehört – wie Greta Garbo – «zu jenem Augenblick in der Geschichte des Films, da das Erfassen des menschlichen Gesichts die Massen in die größte Verwirrung stürzte, da man sich buchstäblich in einem menschlichen Abbild verlor wie in einem Liebestrank, da das Gesicht eine Art von absolutem Zustand des Fleisches bildete, den man nicht erreichen und von dem man sich nicht lösen konnte»[79].

Marlene ist froh, dass sie nun reichlich Geld verdient, und freut sich darauf, weitere Filme mit Jo zu machen. In Berlin scheint die Familie ebenfalls zufrieden zu sein. Die Tochter Maria, inzwischen etwas älter als fünf Jahre, beschreibt viele Jahre später ihre neue Lebenssituation ohne die leibliche Mutter: «Tami kümmerte sich um uns; sie liebte, kochte herrliche russische Gerichte und füllte die Wohnung mit ihrem glücklichen Lachen. Mein Vater schimpfte nicht so oft, mein Hund durfte in meinem Bett schlafen, und meine Tante Liesel brachte mir das Lesen bei. Alles in allem war es eine wunderschöne Zeit.»[80]

So findet sich ein weiteres Motiv für Marlenes Sprung über den «großen Teich»: sie war in ihrer Familie überflüssig geworden. Die kleine Tochter erinnert sich an die Stimme der Mutter auf Zelluloidplatten und an allerlei neue Fotos, die sie geschickt hat, um präsent zu bleiben. Das Kind mochte die Bilder nicht. «Das fotografierte Gesicht meiner Mutter gab mir ein Gefühl schaurigen Unbehagens – als sei sie wirklich anwesend, als warte sie nur darauf, lebendig, atmend aus den Papierbildern herauszutreten.»[81] Big Mother is watching you, und gewiss würde sie Marias Neigung für Tami nicht billigen.

Mit «Morocco» («Herzen in Flammen») beginnt, was man später «die Legende» nennen wird. «Morocco» ist in Amerika gleichsam von Sternbergs Eröffnungszug mit der Dame. Die englische Version von «Der blaue Engel» soll dem Publikum erst vorgeführt werden, wenn «die Marionette» so bewegt worden ist, dass sie den amerikanischen Traum von der Frau belebt, steigert und in einer neuen Fassung zuspitzt. Die Produktionsgesellschaft Paramount schätzt «Morocco» ein als Werbemaßnahme für die Einführung ihres neuen Produktes «Marlene Dietrich». Gleichzeitig formt von Sternberg mit der Gestaltung der Schauspielerin seinen eigenen Traum von der Frau weiter.

Die Marionette erhält zunächst ein neues Gesicht. Die Augenbrauen erscheinen in einer neuen, höher liegenden Zeile. Die Wimpern werden verlängert. Ein dünner Silberstrich auf dem Nasenrücken begradigt die so genannte Entennase. Durch eine Beleuchtung, die von oben kommt, werden die hohen Backenknochen prägnant, die Wangen hohler, das Gesicht schmaler. Die Haare werden blonder. Marlene wird im Ganzen getrimmt. Ihr Gewicht wird drastisch gesenkt. An ihrer Aussprache des Englischen wird gearbeitet. Das Schwarz ihrer Kleidung und die lange Zigarettenspitze erinnern an die Ausstattung des Vamp. Nur die Körpergröße von ein Meter siebenundsechzig und ihre unerschütterliche Hingabe an von Sternbergs Regie bleiben gleich. Ironisch oder nicht, nennt er sie bald seine beste Assistentin.

Amy Jolly trifft im Hafen von Marokko ein, eine Unbekannte, «Passagier ohne Rückfahrkarte», vielleicht auch «Selbstmordkandidatin». Ein solventer Herr (der Schauspieler Adolphe Menjou, den sein Oberlippenbärtchen in die Geschichte eingehen ließ) trägt der verschlossen, melancholisch, einsam wirkenden Dame seine Hilfe an, die sie ablehnt. Vierzig Takes sollen es gewesen sein, bis die Schauspielerin das Wort «help» in ihrer Antwort: «I don't need any help» richtig aussprach, statt immer wieder «helep» zu sagen. Dies ist nur ein Beispiel, wie erbarmungslos der Regisseur seine Marionette zappeln lassen

**Zum ersten Mal im später legendären Frack:
Marlene Dietrich in «Morocco», 1930**

konnte. Schöpfer und Geschöpf – wen Gott liebt, den züchtigt er.

Erst bei der Arbeit zu weiteren Filmen soll Marlene auch einmal aufbegehrt haben, aber noch ist sie niemand in Hollywood. Und eines steht fest: Marlene ist entschlossen, gerade hier «jemand» zu werden. Gedemütigt-, Beschämt- und Blamiertwerden verrechnet sie auf dem Konto «Arbeit». Wie man eine gute Schauspielerin werde? Allein durch Disziplin und Arbeit! Und

Gehorsam. Indem man sich ganz und gar dem Schöpfer unterwirft. Die preußischen Tugenden haben Marlene nach Hollywood begleitet und gewähren bei allem Wechsel der Lebensbedingungen stabilen Halt. In diesem Punkt unterscheidet sich Marlene Dietrich von der Frau der Legende, welche Liebe und Abenteuer höher stellt.

Zum Rhythmus von Trommelklängen marschiert ein Trupp weiß gekleideter Fremdenlegionäre in eine kubistisch geformte, an Höhlen erinnernde Stadt. Ein Esel stellt sich quer. Sein Besitzer zerrt hilflos an ihm und schimpft in fremder Sprache, deren Klang sich dem Trommelrhythmus hinzugesellt. Über die unter weißen Burnussen mit Kapuze verhüllten Menschen, die eilig unterwegs sind, laufen fließende Schatten. Als Nachtclubsängerin unbekannter, aber gewiss hoher Herkunft verdient Amy Jolly ihren Lebensunterhalt in einem marokkanischen Tingeltangel. Sie tritt auf im Frack mit Zylinder, schaut lange Zeit mit taxierendem Blick auf das Publikum. Quirlige, laute Atmosphäre. Es gibt die Tische der Eleganten und Reichen und den Saal der Legionäre. Lässig und überlegen, mit einer Zigarette operierend, schiebt sich die Sängerin, ihre steifen Schultern vor und zurück bewegend, durch den Saal, erbittet von einer Schönen ein Glas Champagner, das sie in einem Zuge leert, und die Blume aus ihrem Haar. Im Fortgehen wendet sich Amy noch einmal um und drückt dem verdutzten hübschen Mädchen einen Kuss auf den Mund. Alle lachen und johlen. Die Blume wirft sie mit verführerischen Blicken dem langbeinigen Frauentyp unter den Legionären, Tom Brown, zu.

Als sie nach einem Auftritt in schwarzem Trikot, das Arme und Beine unbedeckt lässt, mit einer Federboa versehen das Lied «What am I Bid for my Apple» singt, macht sie das mit großer Gelassenheit und Liebenswürdigkeit. Beim Verkauf der Äpfel im Saal gibt sie Brown als Wechselgeld ihren Zimmerschlüssel. Wie Katzen streichen sie umeinander herum, voller Verlangen und voller Bedenken, wirklich einmal ihr Herz zu verlieren, verletzbar und gebunden zu sein. Beide sind vom Leben enttäuscht, besonders von der Liebe. Es gebe auch eine Fremdenlegion für Frauen, meint Amy Jolly. Wie ein Legionär hat auch sie die Vergangenheit hinter sich gelassen. Auch sie kennt Verletzungen,

Tapferkeit und Orden. Sie spricht mit traurigem und ernstem Ausdruck, unterbrochen von einem flüchtigen, manchmal süffisanten Lächeln.

Liebe wird in dieser Art der Rede zu etwas ganz Schwerem, Ernstem, Abgründigem. Davor läuft der Legionär davon – zu den marokkanischen leichten Mädchen, bevor er wieder in den Kampf zieht, zum rhythmischen Schlag der Trommeln. Bald schon gibt Amy Jolly dem Werben des reichen Kennington (Adolphe Menjou) nach, der sich mit ihr verlobt und dem sie glaubwürdig versichert, Tom Brown werde ihm nicht mehr gefährlich. Als sie jedoch erfährt, dass Brown verwundet wurde, verlässt sie ihre sorglose, elegante und glatte Zukunft mit dem Mann, der sie liebt. Sie muss den wilden Krieger pflegen. Und schließlich, nach Augenblicken des Zögerns, folgt sie wider alle Vernunft dem Legionär, der unter rhythmischem Trommelhall mit seinen Kameraden in den nächsten Kampf zieht. Mit vier, fünf anderen Frauen eilt Amy Jolly dem Trupp der Fremdenlegionäre durch die Wüste nach. Sie streift die Stöckelschuhe ab und wählt als Marketenderin ein Leben, dessen Zukunft nicht kalkulierbar, aber gewiss aufregend sein wird. Ihr scheint zu gelingen, woran Professor Unrat scheiterte.

Bereits in diesem ersten Hollywood-Film entwirft Travis Benton die Kostüme der Dietrich (abgesehen von dem Frack, mit dem Marlene schon in Berlin in Gesellschaft aufgetreten ist), die sie lasziv, verführerisch und in späteren Filmen auch mondän und frivol wirken lassen.

In «Morocco» spielt Marlene die Rolle der verliebten Frau so echt, dass ihr Regisseur sehr zufrieden sein kann. Allerdings versteht der nicht, warum Gary Cooper ausfallend wird, wenn von Sternberg alle Anweisungen, die Marlene gelten, in deutscher Sprache gibt, sodass Cooper sie nicht verstehen kann. Seit Anfang der Dreharbeiten hat der Schauspieler eine Affäre mit ihr, liest ihr jeden Wunsch von den Augen ab und will sie auch vor von Sternbergs Ausfälligkeiten schützen. Ob von Sternberg von der Affäre weiß, ist unklar. Aber gewiss spürt er, dass zwischen den beiden Schauspielern nicht nur die Kunst im Spiel ist. Ob Cooper weiß, wie nah sie ihrem «Schöpfer» auch in sexueller Hinsicht steht, ist ebenfalls unklar.

Nur Marlene weiß. Aber was? Dass von Sternberg sie zum artifiziellen Objekt der Begierde – nicht nur im Film – gemacht hat? Dass Film und Leben, anders als Marlene Dietrich später behauptet, untrennbar sind? Dass von Sternberg seine psychische Reichweite überschätzte, indem er meinte, sein Geschöpf wie einen Golem ein- und ausschalten zu können, um dessen Eigenwilligkeit einzuschränken? War ihr bewusst, dass sie aus Hollywood einen riesigen Selbstbedienungsladen machte, in dem ein Rolls-Royce genauso leicht zu haben war wie menschliche Beziehungen, die man für etwas Neues auch schnell wieder aufgeben konnte?

Die Kritik bestätigt einen großen Erfolg: «Vor allem aber leuchtet Marlene Dietrich, der neuentdeckte Star, eine wirkliche (und sehr ungewöhnliche) Persönlichkeit, wie sie auf der Leinwand noch nicht zu sehen war, eine Schauspielerin eben, Symbol filmischen Glamours […].»[82] Und: «Als psychologische Studie der Attraktion zwischen Mann und Frau eines bestimmten Typus – der Attraktion, die eine Frau alle Sicherheit und alle Freuden ihres bisherigen Lebens vergessen lassen kann – ist ‹Morocco› durchaus genau. Und vielleicht ist dies der Grund für das Gefühl, daß uns der Film – bei aller Exotik – ein Stück Wahrheit vermittelt.»[83]

Entsprechungen zur Lebenssituation von Regisseur und Schauspielerin sind unschwer zu finden. Als Marlene nach Amerika ging, folgte sie nicht allein einem bewunderten und viel versprechenden Regisseur, sondern auch einem neuen Liebhaber, den sie Jo nennt. In finanzieller Hinsicht gewiss ein vernünftiger Schritt, aber für ihr Leben im Ganzen auch ein riskantes Abenteuer.

Das gilt in noch stärkerem Maße für von Sternberg. Im Film lässt sich der «amour fou» exotisch-romantisch gestalten. Im Leben jedoch bedeutet sie für ihn eine Zerreißprobe. Von Sternberg beginnt zu begreifen, dass er zwar durch Marlene an einen Wendepunkt seines Lebens geraten ist, dass es aber unmöglich sein wird, gemeinsam mit dieser Frau eine neue Richtung einzuschlagen. Seine Ehefrau, Riza Royce, die schon in Berlin über von Sternbergs Umgang mit Marlene verärgert war, setzt ihn unter Druck und will, nachdem er sie hinausgeworfen hat, wenigstens ein gutes Geschäft aus der Scheidung machen. Sie klagt eine Entschädigung in Millionenhöhe ein und empfiehlt ihm, er solle doch Marlene heiraten, wenn er schon Tag und Nacht mit ihr verbringe. Er hat ein eigenes Arbeitszimmer in dem «kleinen» Haus, das Marlene bewohnt. Aber Marlene löst sich nicht von ihrem Mann und schon gar nicht von ihren Liebhabern.

Es ist eine Sache, sich als Schauspielerin wie eine Marionette behandeln zu lassen. Das kann sie ertragen, denn ihre daraus hervorgehende Doppelgängerin zeigt sie selbst aufs Schönste verwandelt. Eine ganz andere Sache ist es jedoch, auch im privaten Alltag die Position einer Puppe einzunehmen. Marlene kann zwar unvermittelt vom begehrten Vamp in die Rolle des Putzteufels oder einer die Suppe bereitenden Hausfrau überwechseln. Die deutsche Küche gehört, neben ihren Beinen und ihrer Stimme, zu einem überzeugenden Wirkungsmittel. Aber – kann von Sternberg, wenn er nicht auf dem Filmset ist, auf die Regie verzichten? Kaum vorstellbar.

Marlene Dietrich und Gary Cooper gehen aus dem Film als Weltstars hervor.

Josef von Sternberg (Jonas Sternberg) – geb. 1894 in Wien, gest. 1969 in Hollywood – stammte aus einer mittellosen jüdischen Familie. Der Vater suchte 1897 sein Glück in Amerika. 1901 folgte die Familie nach. 1904 Rückkehr nach Wien. 1908 endgültige Auswanderung. Jonas besucht 1908/09 eine High School auf Long Island, wird Laufbursche, Handlanger und 1911/12 Hilfskraft in einem Filmlabor, klebt Filme und führt Filme vor; 1917 im Dienst der US-Army Mitarbeit an Trainingsfilmen für die Armee; 1919 Tätigkeit als Cutter, Autor und Regieassistent bei verschiedenen Regisseuren. Interesse an der Kunst der Moderne, malt selbst und sammelt, sobald er über Geld verfügt. 1925 in eigener Produktion der Stummfilm «The Salvation Hunters», der von Sternberg über Nacht als Regisseur berühmt macht. Vertrag bei MGM. 1926 Regie-Vertrag bei Chaplin. Ab 1927 bei Paramount. 1929–1935 sieben Filme mit Marlene Dietrich. 1937 Lebenskrise. 1938 Filmprojekt in Österreich scheitert wegen Einmarsch der Nationalsozialisten. Verdruss über das kommerzielle Filmgeschäft, Leiden an Kompromissen; allmählicher Rückzug. 1947 Professur an der Filmabteilung der University of Southern California, Los Angeles; Vorlesungen über die Kunst des Filmens. 1948 Eröffnung einer Kunstgalerie in New York. 1953 letzter Film: «The Saga of Anathahan».

Besonders wichtig: der Film wird auch ein Kassenerfolg, ohne den, wie von Sternberg später erfährt, die Paramount pleite gegangen wäre; er spielt zwei Millionen Dollar ein, was den Studiobossen zwar nicht genug erscheint, aber die Bahn frei macht für einen nächsten Film in der Kombination von Sternberg/Marlene Dietrich.

Von Oktober bis Ende November 1930 wird der Film «Dishonored» («X 27») gedreht, nach einer Geschichte, die aus Sternbergs Feder stammt.

Es regnet in Strömen. Eine Frau, deren Beine, Mantel und Hut von hinten zu sehen sind, zieht einen am Oberschenkel rutschenden Strumpf zurecht. Ein bisschen ordinär wirkt das. Wenn sich das Gesicht der Kamera und dem Zuschauer zuwendet, zeigt sich ein leicht verschleierter selbstbewusster Ausdruck, sensibel, natürlich, schön – gewiss, denn wir schauen Marlene Dietrich ins Gesicht. Aufgeregtheit in einer kleinen Runde von Frauen, die wie Marlene vor einem Haus stehen. Ein Mann in einem langen Mantel. Scharfe Gesichtszüge, strenger Ausdruck. An ihm vorbei drängen Menschen mit einer Trage ins Haus. Nasses rinnt, alles grau. Und Betriebsamkeit. Das wäre sicher nicht das letzte Mal, dass unter diesen elenden Lebensbedingungen einer den Gashahn aufdreht. Darauf Marlene: ihr würde das nicht einfallen, sie habe weder Angst vor dem Leben noch vor dem Tod. Der mit den scharf geschnittenen Gesichtszügen mustert sie. Er hat Arbeit für so eine Frau, sucht eine Spionin für das Vaterland Österreich. Das soll vor Verrätern in den eigenen Reihen und vor russischen Spionen geschützt werden. Wenn es dem Vaterland nützt, will Marlene, alias Spionin X 27, gern ihr ruhmloses Leben wenigstens mit einem ruhmvollen Tod abschließen.

Wirbelnde Atmosphäre eines Maskenfestes. Schwungvolle Wiener Musik. Luftschlangen, Kostüme, Bewegung, Heiterkeit, Überblendungen, Wirrwarr. X 27, versteckt hinter einem schwarzen Athene-Helm, der nur den Mund frei lässt, bewirft einen anderen maskierten Gast kindlich lächelnd mit Konfetti. Die Musik macht Schwung. X 27 bandelt an, und man weiß, ohne dass irgendein Wort gesprochen würde, dass sie in gefährlicher Mission unterwegs ist. Ausgelassen, albern – man bläst einander un-

Marlene Dietrich und Victor McLaglen
in «Dishonored», 1930

entwegt ausfahrende Papiertröten ins Gesicht – beginnt in diesem dynamisierten und durch die Musik rhythmisierten Durcheinander eine Art Katz-und-Maus-Spiel. Das Ganze könnte aus einem Traum stammen oder aus einer Novelle von Arthur Schnitzler. Marlene spielt mit verführerischen Angeboten. Der als Verräter Verdächtigte findet die Begegnung aufregend, anregend, spannend. Es gelüstet ihn nach einem Abenteuer. Unvernünftigerweise.

Die Atmosphäre des Riskanten, die Uneinschätzbarkeit von wahrhaftiger und tückisch eingesetzter Zärtlichkeit durchziehen den ganzen Film. Bringt diese Frau Liebe oder Tod? Als die Spionin X 27, stets in Begleitung einer schwarzen Katze, dem ins Netz gegangenen russischen Spion – vielleicht aus Liebe – zur Flucht verhilft, soll sie standrechtlich erschossen werden. Und mit dieser Szene verbindet der Regisseur eine Botschaft. Trommelwirbel, Nahaufnahme der Trommel mit den bewegten Stöcken, deren Schatten mit dem Schatten von zwei Gewehrläufen sich auf der Trommel abbilden. Mehrere Schützen legen das Gewehr an. Der Adjutant, der den Erschießungsbefehl geben soll, stoppt die Trommelei, wirft seinen Säbel in den Schnee und schreit: «Ich werde keine Frau töten! Ich will auch keine Männer mehr töten! Sie nennen es Krieg?! Ich nenne es Abschlachten! Sie nennen es Dienst am Vaterland?! Sie nennen es Patriotismus?! Ich nenne es Mord!»

Marlene trägt einen raffinierten Hut mit Federn und einen Schleier, der ihr Gesicht leicht punktet. Als sie von dem jungen Offizier aus der Zelle geholt wurde, hatte sie um einen Spiegel gebeten, worauf der die Klinge seines Säbels aus dem Schaft zog und Marlene ihr Aussehen im spiegelnden Stahl begutachtete. Ganz ähnlich verhält sie sich während der Unterbrechung der Exekution. Mit aller Gelassenheit hebt sie den Schleier hoch, nimmt den Lippenstift und schminkt sich. Dann entblößt sie die Beine und rückt die Strümpfe zurecht. Als hätte sie mit alldem nichts zu tun. Ganz und gar souverän. Wieder beginnt der Trommelwirbel, wieder legen die Schützen an und zielen. Diesmal schießen sie. X 27 schwankt leicht nach hinten und stürzt schließlich über die Seite vornüber. Tot.

Wenn die da schießen, habe sie von Sternberg gefragt, wie fällt man dann, fällt man nach hinten oder nach vorn? *Muß man doch wissen*, erläutert sie Maximilian Schell über fünfzig Jahre später. *Ich wollte doch nichts falsch machen.* Von Sternberg habe ihr das Leben schwer gemacht, mit Vorsatz, um ihr etwas beizubringen. Der hätte nicht gewollt, dass sie nur tat, was man ihr sagte. Sie sollte selber denken lernen. *Die hat doch überhaupt nicht gedacht*, sagt Marlene 1984 über Marlene 1930. *Die war doch doof.*[84]

Schockierend prosaisch kommt das daher, desillusionierend. Es fehlt jede Verbindung mit der Frau, die den Zuschauer so beeindruckt hat. Wenn man dann noch erfährt, dass ihre verzögerten Reaktionen, der Blick, der oft so bedeutungsvoll und rätselhaft in irgendeiner Leere verweilt, dadurch zustande kommt, dass sie, von Sternbergs Aufforderung folgend, bis drei zählt, bevor sie agiert, spätestens dann gewinnt man eine Einsicht. Von Sternberg gestaltet in seinen Filmen nicht eine Charakterdarstellerin, sondern den Star als Projektionsfigur für die Betrachter.

Die Schauspielerin ist über alle Maßen darauf angewiesen, dass die Betrachter sie mit den eigenen Träumen ausstaffieren. In diesem Sinne wird sie identisch mit ihrer Wirkung.

Als Marlene Ende 1930 nach Berlin zum Kind und zu Papilein zurückfährt, gibt Jo seinem Geschöpf einen Abschiedsgruß mit auf den Weg. «Meine Geliebte, Geliebteste aller Geliebten! Ich danke Dir für Deine wunderbare Botschaft und für alles Gute oder Böse – es war schön. Vergib mir, daß ich bin, wie ich bin, ich möchte, könnte nicht anders sein. Auf Wiedersehen, mein Liebling, mögest du schöne Tage erleben, Dein Jo.»[85] Seit Juni 1930 ist seine Ehe geschieden; Riza Marks, alias Royce, droht in der Presse, Marlene wegen Ehebruchs und Verleumdung zu verklagen. Als Entschädigung verlangt sie 600 000 Dollar. Marlene stellt dagegen ihr Familienmodell. Oft genug hatte sie Presse und neue Freunde wissen lassen, wie sehr sie ihr Kind vermisst. Es wäre ein geschickter Schachzug, wenigstens das Kind nachzuholen. Rudi könnte dann in Paris für die Paramount tätig werden und ungestörter als in Berlin mit Tamara Matul zusammenleben.

«Die Rückkehr meiner Mutter kündigte sich durch die Ankunft ihrer neuen Überseekoffer an, die sie nach eigenen Vorstellungen in Amerika hatte anfertigen lassen: in zwei Grautönen gehalten, mit Messingknöpfen beschlagen und mit M und D in großen, schwarzen Buchstaben geschmückt. Es waren sechs und so groß wie Schränke [...]. Als die Koffer offen waren, benutzte ich ihre grauen, damastgepolsterten Innenräume mit Vorliebe als Spielhäuser. Eine Sekunde lang erkannte ich die schlanke, elegante Dame nicht, die in unsere Wohnung trat. Dann wurde ich von oben bis unten abgeküsst und wusste, dass meine Mutter wieder zu Hause war.»[86]

Nicht nur die Familie, auch die Presse feiert Marlene. Die neue Revue von Hollaender kann erst starten, nachdem Marlene auf der Bühne noch einmal «Ich bin von Kopf bis Fuß ...» zum Besten gegeben hat. Im Salon von Betty Stern wird sie von allen Seiten bestürmt. «Morocco» war inzwischen auch in Deutschland gelaufen. Man begegnet ihr allenthalben mit neugieriger Bewunderung, manchmal mit etwas Neid. Marlene genießt es, zu Hause zu sein, bewundert und geliebt zu werden.

Umso stärker trifft sie die Nachricht, dass bei einem Treffen der NSDAP in Bayreuth «Der blaue Engel» als drittklassiger und verderblicher Kitsch bezeichnet und die Forderung erhoben wurde, den Film aus den deutschen Lichtspielhäusern zu entfernen.[87] Auch dass die Berliner Presse sich darüber entrüstet, dass sie in Amerika eine viertel Million Dollar (das entspricht heute etwa vier Millionen) im Jahr verdient, während in Deutschland Arbeitslosigkeit und materielles Elend herrschen, beunruhigt sie.

Aber in Berlin steht sie auch Modell für eine Büste, die der Bildhauer Ernesto de Fiori modelliert, um sie im Museum of Modern Art in New York auszustellen. Eine Schallplatte mit den Songs aus «Morocco» wird aufgenommen. Und in London, bei der Premiere des Films, ist dann wieder alles in Ordnung, als ihr Trompete blasende Pagen in Uniform ein Ständchen bringen.

Am 16. April 1931 besteigen Marlene und Maria in Begleitung von Gerda Huber und einem Kindermädchen, von der Berliner Paramount-Mannschaft und Repräsentanten der Lloyd-Schifffahrtsgesellschaft ihren Zug am Lehrter Bahnhof. Der - Liedermacher Peter Kreuder, dem sie das Lied «Peter» widmet, dirigiert unter Tränen eine Blaskapelle. Er hat die Schallplattenaufnahmen geleitet und seine alte Beziehung zu Marlene aufgefrischt. Willi Forst erscheint mit Rudi. Marlene hüllt sich in einen Leopardenmantel und hat mit gemischten Gefühlen zu kämpfen.

Am 24. April werden sie von Presseleuten und Josef von Sternberg in Kalifornien begrüßt. Marlene ist von nun ab drei Jahre jünger, und die sechseinhalbjährige Maria wird noch einmal vier. Auf der ersten Seite der «Los Angeles Times» erscheint ein Foto aus der Zeit, als Maria wirklich vier Jahre alt war. Die PR-Arbeit in Hollywood liegt wahrhaftig im Wettstreit mit dem Erfolgsmärchen von Tausendundeiner Nacht. In Los Angeles wartet auch eine neue Villa auf den Star mit hollywoodblauem Pool – North Roxbury Drive, Nummer 822, in Beverly Hills.

Josef von Sternberg hat in Marlenes Abwesenheit Theodore Dreisers «An American Tragedy» als Melodram inszeniert – ohne Erfolg. Die wirtschaftliche Situation der Paramount ist

Mit Tochter Maria, genannt Heidede, am Swimmingpool in Kalifornien, 1931

weiterhin angespannt. Ein neuer Kassenerfolg muss her. Von Sternbergs Vision vom Film als Kunst interessiert die New Yorker Bosse der Paramount genauso wenig wie die Masse der Kinogänger. Zwanzig Millionen Zuschauer pro Woche sehen sich 1930 in den USA Filme an, achtzig Millionen werden es neun Jahre später sein.

Das Problem des Regisseurs als Künstler liegt in den Wünschen der Zuschauer. Sie wollen eine Story, die sie in Spannung versetzt, in Bann schlägt, sodass sie eine Zeit lang entrückt sind, bis sich die Spannung löst und der Alltag weiterläuft wie vorher.

Mit dem
Ehemann
Rudi
Sieber

«Filmkunst ist nichts für die breite Masse. Film als Industrie ist aber leider ein Massenkonsumartikel […]. Es gibt lediglich eine einzige Chance, Filmkunst zu machen, nämlich indem man künstlerische Elemente als Schmuggelware gut getarnt und für den Zoll (sprich: Filmproduzenten) unsichtbar, also wie beim ‹Blauen Engel› im Gewande publikumswirksamer, im Grunde aber doch künstlerisch störender Effekte, in den Film hineinschmuggelt. Mit einem Filmproduzenten offen über Filmkunst zu sprechen, ist ungefähr dasselbe, als wolle man mit einem Margarinefabrikanten über Ölmalerei diskutieren.»[88]

Spannende Geschichten reizen ihn nicht, im Gegenteil, er sieht in der Spannung eine der Wirkung des Films als Kunstwerk abträgliche Fesselung des Zuschauers. Durch die Geschichte des jeweiligen Films hindurch soll spürbar bleiben, dass hier mit «Werkzeugen» wie Licht und Schatten, Bild und Geräusch / Musik, Totale und Großaufnahme, Schnitt und Montage, Statik und Dynamik und last and least auch mit Sprache ein Werk geschaffen wurde, das die Wirklichkeit des Alltags neu sehen lässt.

So weit, so gut, aber in einem Punkt belügt sich von Sternberg. Ihm steht sein «Thema» durchaus nicht frei. Die Art und Weise, wie ihn die Begegnung mit Marlene Dietrich zugleich aus der Bahn geworfen und auf eine neue Spur gesetzt hat, drängt ihm «sein» Thema auf: die Frau als Vexierbild, das heißt als Suchbild, das eine nicht sofort erkennbare Gegenfigur enthält. Das zeigt bereits der nächste Film, «Shanghai Express» (1932).

Vor dem in wiederum rhythmisch bewegter Bildfolge gezeichneten Hintergrund revolutionärer Umtriebe in China spielt sich eine Täuschungs- / Enttäuschungsgeschichte zwischen Doktor Harvey und Shanghai Lily ab. Ihr geht das Gerücht voraus, sie würde Männer ruinieren. Viele habe sie schon auf dem Gewissen. Es brauchte mehr als einen Mann, um den Namen Shanghai Lily zu erhalten, erzählt sie dem Doktor freimütig. Vor genau fünf Jahren und fünf Wochen haben sie sich getrennt, weil er, wie Shanghai Lily sagt, auf ihren weiblichen Trick, ihn eifersüchtig zu machen, hereingefallen sei. Er habe ihr nicht vertrauen können. Es kommt erneut zu Situationen, die sein Vertrauen belasten. Er verurteilt sie als unverbesserlich und «sieht» nicht, wie der Zuschauer, dass sie sich dem chinesischen Revolutionär Chang nur hingeben wollte, um ihren Doktor vor einer Blendung zu retten. Auf dem Höhepunkt der Spannung wird Chang gerade noch rechtzeitig von Shanghai Lilys chinesischer Kollegin erstochen, sodass der Doktor eine Chance erhält, mit der offenbar von ihm geliebten Frau einen neuen Anfang zu machen.

Die Geschichte entwickelt sich in einer anschaulichen Dynamik montierter, ineinander geschnittener, einander überblendender Bilder, in einem an Rembrandt erinnernden Halbdunkel, im Hintergrund eine Helligkeit. Bewegte Vielfalt. Eine komische Alte, ein moralisierender Geistlicher, ein französischer Möchtegernsoldat, eine chinesische Animierdame, besagter Doktor, Militärarzt, ein auffällig getarnter Opiumschmuggler und Shanghai Lily. In schwarzem Kostüm entsteigt eine schwarz Gefiederte mit schwarzem Hut und schwarzem Schleier dem Wagen – mitten im Gewirr hin und her eilender Chinesen und vielfältiger Geräusche: das Schnaufen einer Lokomotive, die Dampf ablässt, der skandierende Klang einer Glocke, die Sirene des Zuges, einander überschichtende Rufe. Ein Zug mit bewaffneten Soldaten. Bilder, die an Filme von Sergej Eisenstein erinnern.

«Shanghai Express» wird zum erfolgreichsten Sternberg-Dietrich-Film. Drei Millionen Dollar spielt er für die Paramount ein. Er wird für drei Oscars nominiert – beste Kamera, bester Film, beste Regie. Der Kameramann Lee Garmes erhält den Oscar. Marlenes Leistung wird über alle Maßen gelobt. Noch heute gefällt dem Betrachter das leichte Spiel, die Sicherheit im Umgang mit ihrem bedrängten und enttäuschten Helden, die Ironie, ihr Humor, kurz ihre Souveränität.

Von Sternberg gerät einmal mehr in ein Dilemma. Er kann zwar Stars machen, aber deshalb wird er doch nicht selbst zum Star. Marlene hat die besseren Karten. Seit von Sternberg sie «geschaffen» hat, will jeder andere Regisseur gern zeigen, dass man aus ihr etwas noch Großartigeres machen könnte. Auch manche Kritiker haben es darauf abgesehen, Star und Regisseur auseinander zu dividieren. Schon in «Dishonored» wollen sie entdeckt haben, dass sich Marlene von der Bevormundung durch von Sternberg emanzipiert hätte. Die Paramount ist überzeugt, dass der Erfolg schlicht damit zusammenhängt, dass Marlene in diesem Film ihren Mann im Sinne des Happy End «gekriegt» hat.

Mit dem tragischen Geschick des Regisseurs, dessen Beziehung zu seinem Star kein Happy End beschieden ist, sucht von Sternberg fertig zu werden, indem er über Glamour nachdenkt. «Glamour ist die Eigenschaft zu provozieren, zu quälen, zu entzücken, zu faszinieren, mit Gewalt hinzureißen und zu bezaubern, das Maschennetz der Emotionen der Zuschauer zum Vibrieren zu bringen und an ihm zu zerren. […] Wenn eine Frau erst einmal als ein Wesen präsentiert wird, das dieses Zaubernetz schafft, so kann keine Begegnung mit dem Original – und sei es auch noch so bar jeden Glamours und überhaupt völlig anders – das geschickte, betrügerisch gemachte Bild verdrängen. Man mag es danach vergebens suchen, aber suchen wird man es immer. In gewissem Sinne begeht der Fotograf, der eine Frau mit Zauber und sonstigen Eigenschaften bekränzt, die sie selbst nicht besitzt, einen Betrug, denn die Kreatur, die er schafft, existiert nicht in Wirklichkeit. [...] Glamour [...] ist ein optisches Stimulans, das geschaffen wird durch leere Versprechungen. Verantwortlich [...] ist nicht das Objekt vor der Linse, sondern einzig und allein der Fachmann, der das Objekt ohne Rücksicht auf dessen Wohlergehen manipuliert, es mitleidlos ausleuchtet, um jenen flüchtigen Moment einzufangen [...].»[89]

Von Sternbergs ästhetische Auffassung erinnert an Baudelaires Würdigung der Künstlichkeit.[90] Der Dichter mag auch Pate gestanden haben für den Hauch von Dandyismus, mit dem sich der Regisseur gern umgab.

Von Sternberg geht mit dem Vexierbild der Frau – in Gestalt der Marlene Dietrich – um, indem er es zerlegt in eine Doppelgängerin, die Menschen bezaubern und hinreißen kann, und ein Original, das nur in Relation zur Doppelgängerin wahrgenommen werden kann, und zwar zumeist als mangelhafter Abglanz. Ob Marlene, wenn sie unerkannt auf einer Kaffeehausterrasse säße, besonderes Aufsehen erregen würde, lässt der Bühnenautor Melchior Lengyel dahingestellt sein. «Im Film aber entströmt ihr ein Fluidum, dem keiner widerstehen kann. Kaum bewegt sie sich, kaum sagt sie ein Wort, ist alles in Ihrem Banne.»[91] Der wegen seiner Bissigkeit besonders gefürchtete Kritiker Alfred Kerr schreibt über Marlene im Film: «Und man blieb von Schönheit erschüttert. Das ist es: von Schönheit erschüttert.»[92]

Der lebendige Mensch läuft allerdings Gefahr, auf diese Weise zur Fälschung zu werden. Du sollst dir kein Bildnis machen ... Die Aufspaltung hilft von Sternberg, sich mit seinem Star zu arrangieren. Allerdings kann er die quälerische und enttäuschende Inquisition des Originals im wirklichen Leben nicht stoppen. Auf Maurice Chevalier, mit dem Marlene Anfang 1932 eine Affäre hat, ist Jo so eifersüchtig, dass er sie der Untreue bezichtigt und eine Hure nennt. Seine Entschuldigung schickt Marlene entrüstet an Rudi weiter, der alles voller Verständnis oder Desinteresse zur Kenntnis nimmt. Sich stets auf Marlenes

Seite stellend, versteht er es, die Wogen zu glätten – wie ein Vater, der nur mit einem Ohr hinhört.

Für die Schauspielerin war es eine atemberaubende Erfahrung, wie sich die während der Dreharbeiten vom Regisseur manipulierte Marionette verwandelt zu der bezaubernden Frau im Film. *Ich bin sein Produkt, ganz von ihm gemacht [...], und ich bin fasziniert von dem Gesicht da oben auf der Leinwand und freue mich jeden Tag auf die Schnellabzüge, um zu sehen, wie ich, sein Geschöpf, aussehe.*[93]

Bei der Planung des nächsten Films kommt es zu Zwistigkeiten mit der Paramount. Marlene hat einen Drehbuchentwurf verfasst, eine Geschichte mit Mutterliebe. Die New Yorker Bosse haben Einwände: «Wir können nicht sehen, wie dieser Typ einer rätselhaften und glamourösen Persönlichkeit das Wohlwollen des Publikums gewinnen soll, wenn sie die Mutter eines Kindes spielt und keine verführerische Geliebte.» Marlene kann das sehr wohl sehen und besteht auf ihrem Vorschlag. Das Thema liegt ihr am Herzen. *Ich möchte interessante Frauen spielen, Frauen mit komplizierten Charakteren, denn ich bin überzeugt, daß die Individualität durch die Darstellung verschiedener Charaktere nur gewinnen kann. Ich bin fest entschlossen, mich als Persönlichkeit zu behaupten und so weit wie möglich von der allgemeinen Vorstellung des Vamps auf der Leinwand fernzuhalten. Vielleicht ist mein Vorbehalt gegenüber dieser unfairen Ausbeutungsmethode sogar dazu angetan, dem etwas schiefen Hohnlächeln, das meine weltmüden Heldinnen aufsetzen, einen gewissen Reiz zu verleihen.*[94] Sie wehrt sich gegen die Typisierung ihrer Doppelgängerin.

Mutterliebe verknüpft mit sexueller Untreue ist jedoch ein No-no-Thema im Amerika der dreißiger Jahre. In Amerika herrschen Moralvorstellungen, die einer verlogenen, puritanischen Prüderie Vorschub leisten. Will Hays, Präsident des Verbandes der Filmindustrie, stellt im Sinne einer freiwilligen Selbstkontrolle den Motion Picture Production Code zusammen, einen Katalog von Zensurregeln. So sucht die Filmindustrie, aus finanziellen Gründen, Kollisionen mit den Kirchen und Frauenverbänden schon im Vorfeld auszuräumen. Die ‹Moral›, die das gesellschaftliche Leben in Hollywood bestimmt, muss sozusagen unter Verschluss gehalten werden.

Rudi Sieber kommt zu Besuch mit einer Anfrage der UFA, ob Marlene Interesse an einer erneuten Zusammenarbeit hätte. Marlene macht keinen Hehl daraus, dass sie sich in Amerika nicht wohlfühlt und dass sie gern wieder einmal in ihrer Muttersprache filmen würde. Ein Schachzug im Spiel mit der Paramount oder mehr? Marlenes Entwurf, der inzwischen bis zur Unkenntlichkeit überarbeitet wurde, muss die Paramount mit 12 000 Dollar honorieren.

Ein anderes Ereignis in dieser Zeit beunruhigt Marlene stärker als das Kräftemessen mit Paramount. Sie erhält Erpresserbriefe mit der Drohung, wenn sie nicht 10 000 Dollar an vorgeschriebenem Ort deponiere, werde man Maria etwas antun. Maria erhält ihre eigenen Wächter mit einem schönen Polizeihund, die im Rückblick als willkommene Spielkameraden be-

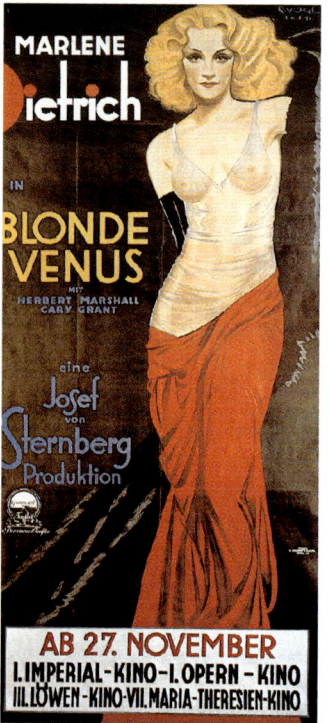

schrieben werden. Die Entführung des Lindbergh-Babys hatte gerade gezeigt, welch tragischen Ausgang solche Drohungen nehmen konnten. So finden eine Zeit lang die Unternehmungen und Reisen, wie im Sommer 1932 nach New York, mit Personenschutz statt. Merkwürdig genug, dass auch der Film «Blonde Venus» eine Art Kindesentführung enthält.

Der Film zeigt Marlene als sorgende Mutter und Hausfrau, die ihren Beruf einer Sängerin in Vergnügungslokalen wieder aufnimmt, um ihren niedergeschlagenen Mann (George Marshall), der als Folge seiner Forschungsarbeit unter Radiumschäden leidet, zur rettenden Kur nach Europa schicken zu können. Das

Filmplakat für «Blonde Venus»

Geld ist schnell beschafft. Der reiche, schöne, junge, weltläufige Mr. Townsend (Cary Grant) hält sie aus und trägt sie auf Händen. Zurückgekehrt und genesen, treibt den Ehemann die Eifersucht, seiner Frau den kleinen Johnny wegzunehmen. Marlene flieht mit dem Kind vor ihm, wird verfolgt, verdient schließlich den Lebensunterhalt, da es keinen anderen Ausweg mehr gibt, mit Prostitution, wird aufgespürt, vom Kind getrennt und kommt, im Alkohol Zuflucht suchend, gänzlich herunter – um zu beweisen, dass sie sich am eigenen Schopf aus dem Schlamm ziehen kann. «Ihr glaubt, ich komme nicht wieder auf die Beine», sagt sie nach einer Nacht im Frauenasyl beim Abschied, «just watch!», passt nur auf, mir wird das gelingen.

Auf wundersame Weise gelingt der Heldin ein Comeback als Sängerin in Paris. Jetzt ist sie ganz zur «Venus» geworden, so attraktiv, dass sie Entzücken weckt. Das Wort Venus leitet sich her vom sakralen Akt des Anlockens oder Verführens von etwas, das jenseits der menschlichen Macht liegt. Venus ist auch die Schutzherrin der Prostituierten; außerdem gab es eine Venus Verticordia, eine Venus, die ihre Meinung wechselt.[95] Vermutlich schwebte von Sternberg diese Gestalt vor.

Townsend, der sich aus Trauer darüber, dass Helen mit ihm nicht leben wollte, auf eine Europareise begeben hatte, sieht sie dort mit weißem Frack und weißem Zylinder, wie sie in alter Form ihre charmante Liebesaffäre mit dem Publikum unterhält. Er sieht ihre Trauer über die Trennung vom Kind, bringt sie zurück zu ihm, erwirkt Einlass und weiß beim Erklingen der Mutterstimme hinter der Wohnungstür, dass sie ihn nicht heiraten, sondern zu Mann und Mutterglück zurückkehren wird.

Eine rührende Geschichte, die durchfällt, weil sie einen Komplex berührt, für den es keine einfache Lösung gibt. Der Filmforscher Peter Baxter betont in seiner Analyse des Films, es ginge von Sternberg darum zu zeigen, dass Familie und Beziehungen überhaupt niemals eine stabile Struktur erreichen, sondern dass die Beteiligten in einem dynamischen Prozess ihr Bild und ihre Position im sozialen Gefüge immer wieder neu definieren müssen.[96]

Seit dem Börsenkrach 1929 sind Hunger und Not in den Vereinigten Staaten allgegenwärtig. Familien verlieren über Nacht ihre Existenzgrundlage, eine Selbstmordwelle breitet sich aus. 1933 werden fünfzehn Millionen Männer arbeitslos sein, Banken gehen in Konkurs, Fabriken schließen.[97] Von Sternberg spart diese Atmosphäre in seinem Film nicht aus. Helen Faraday/Marlene wie alle anderen können jederzeit abstürzen in Unglück und Elend. Aber sie können sich auch retten. Den krassen Wechsel zwischen Verlorenheit und Glanz kennt von Sternberg aus eigener Erfahrung. Gestern noch auf stolzen Rossen … – das Leben ist eine kippelige Angelegenheit. Aber diese Botschaft mit ihrem Appell an die Selbstrettungskräfte legt den Finger in die Wunde, statt zu bieten, was das Publikum wünscht: einen Tagtraum, der für geraume Zeit alles Unangenehme vergessen lässt.

Marlene erfüllt sich ihre Tagträume zurzeit mit Maurice Chevalier im Strandhaus am Ocean Front Drive in Santa Monica. Ehemann und Regisseur, politisch offenbar blind, verhandeln in Berlin mit der UFA, genauer mit dem Medienzar Alfred Hugenberg. Eigentlich will von Sternberg keine weiteren Filme mit Marlene gestalten. Der Paramount ist das gerade recht. Ende 1932 erklärt sie Marlene Dietrich, dass Rouben Mamoulian ihr Regisseur sein wird bei der Verfilmung von Sudermanns Roman «Das Hohe Lied». Marlene weigert sich – bis die Paramount sie am 2. Januar 1933 wegen Vertragsbruchs auf 182 850 Dollar und 6 Cent Entschädigung verklagt. Die Summe soll dem Verlust durch Marlenes Arbeitsverweigerung entsprechen.

Marlene bittet ihren Schöpfer um Rat. Ja, sie solle mit Mamoulian drehen – ein Vorschlag, den das Geschöpf zwar als Verrat erlebt, aber befolgt. Das Studio honoriert ihr Einlenken mit einem Fünfjahresvertrag: Wochengage 4500 Dollar, später mehr. Das wären heute etwa 130 000 DM. Sie zahlen so gut nicht aus plötzlicher Zuneigung, sondern weil Ernst Lubitsch bei seinem letzten Europaaufenthalt herausgefunden hat, dass Marlene neben Greta Garbo und Jeanette MacDonald die beliebteste Schauspielerin ist.

In «Song of Songs» erhält Marlene die Rolle eines gefallenen Mädchens, verführt, verlassen, ausgenutzt und selber mit Untreue reagierend. Interessanter als der Film, in dem ein Bildhauer eine überlebensgroße Nacktstatue von Marlene anfertigt, die an realistischer Deutlichkeit nichts missen lässt und dennoch, als Kunst, die Hürde der Zensur genommen hat, ist die Geschichte der Statue. Paramount fertigt eine Serienproduktion und stellt die Skulptur in ihre schönen Filmpaläste. Das ruft die Frauenverbände auf den Plan, die heftig protestieren. Ein humorvoller Kinobesitzer bekleidet seine Marlene daraufhin mit einem Overall.

Vielleicht war dies eine Anspielung auf Marlenes männliche Kleidung, die in diesem Jahr ihre Auftritte bestimmt. Und das hat einen Grund. Sie hat sich verliebt in die Schriftstellerin Mercedes de Acosta, Gründungsmitglied der lesbischen Gemeinschaft amerikanischer Künstlerinnen, zu der neben anderen berühmten Hollywood-Stars auch die schöne Alla Nassimova gehört. De Acosta bekennt in ihrem Lebensrückblick, dass Marlene zu den leidenschaftlichsten Beziehungen ihres Lebens gehörte, neben Greta Garbo und der Le Gallienne (die in ihren Stücken auftrat). Nach de Acostas Darstellung hat Marlene sich ihr mit dem Geständnis genähert, sie sei traurig und einsam und Mercedes sei der erste Mensch hier, zu dem sie sich wirklich hingezogen fühle, und ob sie für sie kochen dürfe.[98] Nach Darstellung Maria Rivas bombardierte ihre Mutter die neue Freundin geradezu mit Blumen und Laliquevasen. Das findet just in einer Zeit statt, da die Garbo in Schweden weilt.

Der Biograph Spoto meint, Marlene fühlte sich zu all jenen Menschen hingezogen, deren Stil sie bewunderte, deren Intelligenz sie respektierte und an deren gesellschaftlichem Status sie teilhaben wollte. Sex wäre für sie ein Mittel gewesen, um emotionales Gleichgewicht herzustellen, nicht Ausdruck tiefer, dauerhafter Liebe.[99] Während der Dreharbeiten hat sie eine Affäre mit Mamoulian und mit ihrem Filmpartner, dem englischen Theaterschauspieler Brian Aherne. «Der liebe Brian enttäuschte sie in keiner Hinsicht [...]. Mir gefiel dieser nette Mann sofort [...]. Was er mir für ein Vater war! Es dauerte nicht lange, und er war der Liebhaber meiner Mutter. Die de Acosta begann zu stören.»[100] Wenn sie anrief, ließ sich die Dietrich häufig verleugnen.

Zärtliche Briefe, in denen de Acosta zu oft den Namen Greta Garbo erwähnt, erreichen Marlene: «Vielleicht bedeutet Dir dieser Brief nichts. Aber ich werde die Tage und Nächte immer hochhalten, die Du mich geliebt hast, und Deine wunderbaren Versuche, mich aus meinen schwermütigen Stimmungen zu reißen […]. Jetzt blicke ich zu ihnen zurück wie zu etwas Wunderbarem und Außergewöhnlichem, und sie geben mir Kraft. Liebes, ich küsse Dich – überall. Und ich küsse Deine Seele ebenso wie Deinen wunderschönen Körper.» [101]

Marlene hat Reisepläne, sie möchte gern nach Deutschland. Rudi, der gerade in Berlin war, telegraphiert von Paris: «LAGE IN BERLIN SCHRECKLICH JEDER RÄT DAVON AB DASS DU KOMMST STOP DIE MEISTEN BARS UND THEATER SIND GESCHLOSSEN STOP KINOS UNMÖGLICH STRASSEN LEER ALLE JUDEN VON PARAMOUNT BERLIN SIND ÜBER WIEN PRAG NACH PARIS GESCHAFFT WORDEN STOP ICH ERWARTE DICH IN CHERBOURG […] SEHNSÜCHTIGE KÜSSE PAPI.» [102]

Seit dem 30. Januar 1933 ist Adolf Hitler Reichskanzler. Damit wird die parlamentarische Struktur der Weimarer Republik in eine Diktatur verwandelt. Was man bis dahin noch Ausschreitung nennen konnte, gewinnt jetzt den Charakter strate-

«Völkischer Beobachter», 31. Januar 1933

gisch geplanter Aktionen mit dem Ziel der Gleichschaltung in allen Lebensbereichen, auch und besonders in der Filmgestaltung. Jean Améry schreibt: «Anfang Mai 1933 konnten die Leser des Deutschen Fachblattes ‹Lichtbildbühne› den folgenden polemischen Text lesen: ‹Von der Paramount wird die Nachricht bestätigt, daß Marlene Dietrich und Joseph von Sternberg für die Saison 1933/34 erneut unter Paramount-Kontrakt stehen. [...] Eine deutsche Künstlerin, und noch dazu eine von Weltruf, wünscht man in deutschem Geist und in deutscher Produktion tätig zu sehen! [...] Es ist nach der nationalen Revolution absurd, daß unsere berühmteste Filmschauspielerin in fremdem Land nach fremden Direktiven in englischer Sprache ...» und so weiter. Es folgt noch die Drohung, dass Marlenes Filme, sollte sie weiter dem Dollar den Vorzug geben, in Deutschland nicht mehr gezeigt werden könnten.[103]

In Paris nimmt die Menschenmenge auf dem Bahnsteig wenigstens nur an ihrer männlichen Kleidung Anstoß; das war damals als Transvestitismus strafbar. «Das Gerücht, daß die Stadtväter von Paris die Dietrich in Männerkleidung nicht einlassen würden, machte weltweit Schlagzeilen.»[104] In Paris hat Marlene zu arbeiten: Polydor nimmt sechs neue Lieder auf; für Werbefotos muss sie posieren, deren Herstellung sie ohne von Sternbergs Hilfe überwacht; «Song of Songs» wird für Frankreich synchronisiert; auf Modenschauen müssen neue Abendkleider für den besonderen Auftritt angeschafft werden, auch Hüte, Federn, Schleierstoffe, die möglicherweise im nächsten Film gebraucht werden können.

Ein Telegramm von Emanuel Cohen, Vizepräsident, verantwortlich für die Produktion von Paramount, trifft ein. Ob sie mit der Story, die von Sternberg für den nächsten Film vorschlägt, einverstanden sei? Marlene telegraphiert sofort, allerdings an von Sternberg: *NIMM DIR VON MEINER UEBERGROSSEN LIEBE SO VIEL WIE DU BRAUCHST STOP NICHT SO VIEL DASS ES DICH BEUNRUHIGEN WUERDE UND AUCH NICHT ZU WENIG DAMIT ES NICHT MUEHEVOLL FUER DICH WIRD FUER IMMER DEIN GROESSTER FAN SCHULTER AN SCHULTER STOP EIN KUSS VON PAPI.*[105]

«Song of Songs» hat bei Marlene zu einer wichtigen Einsicht geführt, zu einem Entwicklungsschritt: Wenn es sein musste, konnte sie auch ohne von Sternbergs Führung die Aufnahmen zu einem Film überleben. Sie hatte genug gelernt, um auf eigenen Beinen zu stehen. Aber wenn es nicht sein muss, ist das Versprechen so viel größer, das Versprechen einer erneuten Verwandlung in die Doppelgängerin.

In Österreich trifft Marlene mit ihrer Mutter und mit Schwester Liesel zusammen. Maria Riva erinnert sich später an die Gefühlskälte der alten Frau, an die Tränen ihrer eigenen Mutter beim Abschied und an die Warmherzigkeit von Tante Liesel. Im Frühjahr 1934 wird Marlene noch einmal in Berlin sein, um selbst und aus allernächster Nähe die Gefahren der Schauspieler und Filmleute im «Tausendjährigen Reich» einzuschätzen. Eine hohe Summe Geldes spendet sie dem Wohlfahrtsfond der Filmkammer, vermutlich als Gegenleistung für Rudis Ausreisevisum nach Amerika.[106] Ihre Familie kann sie nicht zur Ausreise überreden. Schwester Liesel wie ihr Mann Georg Will haben sich offenbar mit den neuen Führern ganz gut arrangiert.

Im Sommer 1933 reist Marlene weiter nach Wien, um ihren ehemaligen Liebhaber Willi Forst zu sehen, der gerade mit dem Schauspieler Hans Jaray an einem Schubert-Film arbeitet. Marlene bewundert Jaray auch im Spiel «Sissi» von Fritz Kreisler. Sie ist begeistert vom Stück, vom Theater und von dem jugendlichen Helden, mit dem die nimmersatte Schauspielerin alsbald eine Affäre hat. Währenddessen wimmelt sie Brian Aherne, der sie in Paris besucht hatte und sie auch in Österreich sehen möchte, mit einer Geschichte ab, die durch Zeitungsberichte über Jaray und Marlene als erlogen auffliegt. Entsetzt über die Grausamkeit der alltäglichen Marlene, befindet Aherne in einem Brief, es gebe offenbar zwei ganz verschiedene Frauen mit Namen Dietrich: «Die, die mir dies zufügte, ist mir, Gott sei Dank, fremd. Ich kenne sie nicht, und ich mag sie nicht, und ich werde ihr nicht schreiben, denn dann müßte ich ihr bittere und ironische Dinge sagen. Statt dessen schreibe ich an die Dietrich, der ich mein Herz geschenkt habe und die mir dafür großes Glück und Zufriedenheit gab. Sie gab mir Zärtlichkeit und Leidenschaft und Geborgenheit und tausend Erinnerungen, die immer kostbar bleiben werden.»[107]

Geliebtwerden heißt Inszeniertwerden. Die Affäre entspricht dem Filmset. Beide Methoden bewirken eine Verwandlung in die Doppelgängerin.

Ein Journalist, der eine Zeit lang in der Public-Relations-Abteilung der Paramount gearbeitet hat, fasst Marlenes wundersame Verwandlung von einer prosaischeren Seite: «Der unterwürfige Autor saugt sich eine Geschichte aus den Fingern, in der er die Unhöflichkeit der Dietrich als Glamour ausgibt, ihre Unentschiedenheit als Rätselhaftigkeit und ihre Rücksichtslosigkeit gegenüber den Frauen und Männern, die sie nach oben gebracht haben, [als] pittoreske Exzentrik.» [108]

Von Paris kann sie sich kaum lösen, sodass Rudi, der von Sternberg sehr achtet, kurzerhand den Abreisetermin bestimmt. In Los Angeles warten viele, an erster Stelle Paramount und von Sternberg, die entschlossen sind, mit Marlenes Hilfe das Unternehmen zu sanieren.

Von Sternbergs Arbeitstitel für den neuen Film lautet: «Her Regiment of Lovers». In die Kinos kommt der Film als «The

Marlene Dietrich als Zarin Katharina in
«The Scarlet Empress», 1934

Scarlet Empress» («Die scharlachrote Kaiserin»/«Die rote Zarin»). Von Sternberg beruft sich auf private Tagebücher – nicht der Dietrich; es geht vielmehr um die preußische Prinzessin Sophie Augusta Friederike, die zur Zarin Katharina die Große aufsteigt. «Laut Drehbuch sollte sich Marlene von einem unschuldigen Porzellanpüppchen zu einer von Zügellosigkeit ausgebrannten Monarchin entwickeln, die ihre absolute Macht dadurch erwirbt, dass sie andere ermorden lässt und praktisch mit der gesamten russischen Armee ins Bett geht.»[109] Das wird allerdings nicht so drastisch ausgespielt, wie es sich anhört.

Von Sternberg zieht Bilanz, indem er ein weiteres Kunstwerk schafft. Kern ist eine Wandlungsgeschichte. Ein kleines Ballettpüppchen mit großen Träumen erhält eine Lektion – man könnte auch von einem Realitätsschock sprechen. Mit aufgerissenen Augen und vor Verwunderung offen stehendem Mund nimmt es wahr, wer da wie und mit wem was betreibt. Die Zarin Elisabeth hat Sophie, deren Eigenart hier überhaupt nicht interessiert – ihr Name gefällt nicht, also wird sie in Katharina umbenannt – als Gebärmaschine für ihren Sohn Peter, läppisch-infantil und bereits mit einer Geliebten versehen, ausgesucht. Nach geraumer Zeit durchschaut Katharina das Macht- und Sexspiel, schenkt ein paar Soldaten ihre Gunst, erfüllt so ihre Pflicht der Nachfolgerproduktion und bereitet zugleich eine Art Hausmacht vor. Als der verrückte Peter, nach dem Tod der alten Zarin, Katharina bedroht, wählt sie Grigori Orlow, einen potenten Liebhaber, der ihr hilft, den Thronfolger zu beseitigen, sodass sie die ungeteilte Macht übernehmen kann. Bis zum Schluss behält sie etwas Argloses, der Regisseur macht keine Furie aus ihr.

Wieder ist man fasziniert, wie es von Sternberg gelingt, mit einem Minimum von Sprache und einem Maximum von bildhafter und musikalischer Auslegung eine Atmosphäre zu schaffen, die den Zuschauer mit der Geschichte mitgehen und zu-

> Der Film kann als einziges Medium all das, was geschieht und was sich auf der Erde bewegt, umfassend und ungehemmt dokumentieren und das Wesentliche auf den Punkt bringen – auch wenn die Feder, die er dazu benutzt, vielleicht noch nicht beweglich genug ist.
>
> Josef von Sternberg, 1965

gleich im Betrachten verweilen lässt. Wie schön das gemacht ist: Lebende Menschen und überdimensionierte Skulpturen sind wie in einem Reigen verbunden; kaum eine Einstellung ohne diese Doppelheit. Fabelhaft die Schlussszene: Eroberung der Macht wird sichtbar und hörbar, wenn Katharina mit ihrem Gefolge, alle auf Pferden, im Zarenpalast eine hölzerne Treppe hinaufstürmt und das Geräusch der Hufe an Kanonenböller erinnert.

Von Sternberg inszeniert den Lebenswandel der Marlene Dietrich im Bild einer historischen Gestalt, welche ihrerseits nach oben wollte. Enttäuschte Träume liegen dem Geschehen zugrunde. «The Scarlet Empress» wird von Sternbergs manieriertestes Werk. Bühnenbild, Requisiten, Bilder, Plastiken, Kostüme, Handlung, Kamera und jede Geste der Schauspieler bis in alle Einzelheiten stammen nach Aussage des stolzen Regisseurs von ihm. Der Film wird von der Kritik der Zeit mit unglaublicher Feindseligkeit verrissen. Aus der Beschaffenheit des Films lässt sich das nicht ableiten. Von Sternbergs arrogante Art, mit Menschen umzugehen, hat ihm viele Feinde beschert.

Der Regisseur Ernst Lubitsch, Konkurrent mit Führungsambitionen bei der Paramount, macht ihm schon länger das Leben sauer. Lubitsch möchte selbst mit Marlene filmen, muss aber aus vertraglichen Gründen einen weiteren Von-Sternberg-Dietrich-Film dulden, ein Capriccio Espagnol. Lubitsch bestimmt den Titel: «The Devil is a Woman»; so deutlich wollte von Sternberg gar nicht werden. Gezeigt werden kann der Film 1935 nur im Museum of Modern Art in New York, erst 1959 auf dem Filmfestival in Venedig; 1961 kommt er in den Verleih. Die spanische Regierung drohte, keine Paramount-Filme mehr zu zeigen, wenn dieser die Guardia Civil beleidigende Film in den Verleih käme. Die Unruhen beim Karneval in den Griff zu bekommen, gelingt der Guardia nicht, was im Film allenfalls eine lustige Begleiterscheinung ist.

Dreh- und Angelpunkt ist Concha. «Diese Frau hat ein Stück Eis, wo andere ein Herz haben», teilt Paquo dem Freund Antonio mit, den er vor Concha warnt. Marlene, reizvoll und schöner denn je, betört den liebeskranken Paquo, der viel Geld und Federn lässt, indem sie lockt und lügt und betrügt und sich eigentlich für keinen entscheiden kann. «Ein Satan von Weib.»

Zur makellosen Schönheit stilisiert: Marlene Dietrich
in der Rolle der Tänzerin Concha Perez, 1935

Wie die Papierschlangen der Karnevalsdekoration die Menschen einbinden, verstricken und fesseln, umgarnt Concha die Männer und bekommt stets, was sie will, während die Männer mit leerem Versprechen und ungestilltem Verlangen zurückbleiben. Jeder wird düpiert. Für eine Weile wähnt er, der Auserwählte zu sein. Aber eine solche Gestalt gibt es in Conchas Leben nicht.

Man muss nichts an den Haaren herbeiziehen, um sagen zu können, dass der Regisseur mit diesem Film das Psychogramm der Beziehung zwischen Marlene Dietrich und Josef von Sternberg aufgezeichnet hat.

Höhepunkt der Dreharbeiten ist zweifellos die Szene, in der der Regisseur mit einem Gewehr auf die tanzenden Luftballons schießt, die Marlenes Gesicht verdecken. «Als die Szene begann, zielte ich und ließ die Luftballons platzen. Dahinter kam das furchtloseste und bezauberndste Gesicht der Filmgeschichte zum Vorschein. Die Kamera registrierte kein Wimpernzucken, nicht die leiseste Veränderung des strahlenden Lächelns, wo jede andere, nur nicht diese außergewöhnliche Frau, vor Angst gezittert hätte.» [110]

Was 1930 in Berlin mit dem «Blauen Engel» begann, hat sich in sechs Jahren und sieben Filmen zu einer unvergleichlichen Besessenheit gesteigert: den Film als Kunstwerk zu gestalten, indem eine Schauspielerin angeleitet wird, ihr Vexierspiel des Alltags so wieder zu beleben, dass der Zuschauer nicht umhin kommt, von «Schönheit erschüttert» (Kerr) zu sein oder in das Wunder eines Gesichts hineinzufallen wie in einen Abgrund. [111]

Über vierzig Jahre später inszeniert Luis Buñuel denselben Stoff: «Dieses obskure Objekt der Begierde».

Nach Abschluss des letzten gemeinsamen Films hat von Sternberg nur noch einen Wunsch: alles hinter sich zu lassen. «Aus einer Laune heraus nahm ich eine Karte von Indochina zur Hand, suchte einen Punkt darauf aus und bestieg ein Schiff, das in den Fernen Osten fuhr.» [112]

## Disponibel:
## Objekt der Begierde
## (1935 – 1952)

*Aber ich war wie ein Schiff ohne Steuer,* bemerkt Marlene.[113] Sie ist nun frei, und jeder will sie haben. Der Propagandaminister von Nazi-Deutschland, Joseph Goebbels, will die deutsche Frau Marlene Dietrich vor der amerikanischen Entfremdung retten. Dafür schaltet er seinen Apparat in Hollywood ein, der Marlene wechselweise bewirbt und bedroht. Nachdem sich von Sternberg und Miss Dietrich getrennt haben, schreiben die deutschen Zeitungen auf Goebbels' Anweisung: «Applaus für Marlene Dietrich, die endlich den jüdischen Regisseur Josef von Sternberg entlassen hat, der sie immer nur eine Prostituierte oder sonstwie entehrte Frau spielen ließ, aber nie eine Rolle, die dieser großen Bürgerin und Vertreterin des Dritten Reiches zur Ehre gereichen würde […].»[114] Marlene kommt mit Rudi und Jo überein, dass es an der Zeit ist, die amerikanische Staatsbürgerschaft zu beantragen.

Marlene fällt die Wahl nicht schwer angesichts der vielen Hilfe suchenden deutschen Exilierten in Hollywood. Auch gefällt ihr die Doppelstrategie nicht. «Dishonored» war längst, wie auch Remarques «Im Westen nichts Neues», in Nazi-Deutschland wegen der pazifistischen Botschaft verboten. «Song of Songs», ein Film nach Hermann Sudermanns Roman «Das hohe Lied» (1908), durfte nicht in den deutschen Kinos gezeigt werden, weil er das deutsche Militär karikiert haben soll. Als deutlich wird, dass man Marlene nicht abwerben kann, werden in den NS-Zeitungen Verleumdungen und bösartige Karikaturen veröffentlicht.

In den dreißiger Jahren kommen über 200000 Deutsche in die Vereinigten Staaten. Schauspieler, Schriftsteller, Regisseure und Komponisten, die in Europa Rang und Namen hatten, gelten in Hollywood nichts. Rudolf Forster erlebt die neuen Verhältnisse als entwürdigend und geht lieber zurück zu einer glänzenden

Karriere. Carl Zuckmayer kann sich nicht damit abfinden, Drehbücher für Wildwestfilme auszuphantasieren. Allgemein werden die Deutschen in Hollywood als die «Bei-uns-daheim» bezeichnet, da jeder dritte Satz mit dieser, die alte Lebensform belebenden und idealisierenden Wendung beginnt. Zuckmayers Genehmigung, dauerhaft in Amerika zu bleiben, verdankt er zum Teil Marlene, die ein Bittschreiben an den amerikanischen Konsul in Havanna sendet.

Manche versuchen, das Verlorene an neuem Ort wieder zu errichten. Friedrich Hollaender lässt als Frederick Hollander am Santa Monica Boulevard sein Berliner Tingel-Tangel-Theater wieder entstehen. Das hält sich zwar nicht lange, aber die Eröffnung hat allerlei Prominenz angelockt: Charlie Chaplin, Harold Lloyd, Claudette Colbert, Maurice Chevalier, Marlene Dietrich, Gary Cooper, Carole Lombard, Bette Davis, Ernst Lubitsch, Bing Crosby, Buster Keaton, Joan Crawford, Jimmy Stewart, Ernest Hemingway.

Marlene hilft den Exilierten mit Jobvermittlung, auch mit Geld. Gewiss sind einige Gäste des Tingel-Tangel auf ihre Initiative hin gekommen. Hemingway hatte sie im Frühjahr 1934 auf dem Rückweg von Europa kennen gelernt. Der hatte sich mit geliehenem Smoking auf das Oberdeck geschlichen, im richtigen Augenblick entdeckt, dass Marlene zögerte, sich als Dreizehnte an einen Tisch zu setzen, und sich als Vierzehnter erboten; eine schöne Geschichte. Sie respektieren, fördern und lieben einander, nicht körperlich, sagen alle Biographen, aber nachhaltig. Er nennt sie «Kraut» oder «Mama», denn ihn hat man schon früh zu «Papa» Hemingway ernannt. Sie telefonieren, schreiben Briefe, machen großzügige Geschenke, ein goldenes Zigarettenetui mit Widmung findet sich in Marlenes Nachlass. Marlene bewundert ihn abgöttisch.

> Antraten [in Hollywood] zum Kampf um den Futternapf: Joe May, Billy Wilder, Franz Wachsmann, Peter Lorre, Gottfried Reinhardt, Paulchen Graetz, der Regisseur Kurt Bernhardt, Kurt Weill, Schriftsteller Franz Schulz, Bert Brecht, Fritz Kortner, Ernst Deutsch, Alfred Döblin, Heinrich Mann, Walter Mehring, Curt Bois, Max Ophüls, Henry Koster, Ernö Verebes, Felix Joachimson, Alfred Polgar, Fritzi Massary, Lion Feuchtwanger, Franz Werfel – wer nennt die Namen? Ich könnte das ganze Alphabet beschäftigen.
>
> **Friedrich Hollaender, 1965**

**Mit Ernst Lubitsch**

Ernst Lubitsch will sie auch haben – für den Film «Desire».
Regie führt Frank Borzage. Als Produktionschef der Paramount
darf Lubitsch nicht Regie führen, was ihn quält. Er soll sich ein-
gemischt haben, um wenigstens in Ansätzen seine indirekte Er-
zählweise durch Konstellation der Dinge zu retten. Gern wollen
sie beweisen, dass von Sternberg nicht Marlenes darstellerisches
Können entwickelt, sondern ein Artefakt aus ihr gemacht hat.
Wenn man die Filme betrachtet, also nicht nur Standfotos aus
den Filmen, kann man dieses Urteil, das Lubitsch mit manchem
Kollegen und mit den gegen von Sternberg gerichteten Kritikern

teilt, nicht verstehen. Marlenes Biograph Steven Bach meint, Lubitsch habe von Sternberg einfach nicht leiden können.

Nun soll Marlene also «vermenschlicht werden». Sie will ihrerseits mit dem Film eine Rettungsaktion verbinden. John Gilbert, von allen Frauen angebeteter Star der Stummfilmzeit, langjähriger Liebhaber und beinahe Ehemann der Garbo, scheiterte am Übergang zum Tonfilm und ist im Begriff, sich zu Tode zu trinken. Marlene verliebt sich in ihn und konkurriert ein weiteres Mal mit der Garbo in Sachen Liebe. Außerdem möchte sie zeigen, dass auch sie Menschen verwandeln kann. Mit ihrer Liebe, die in diesem Fall besonders durch den Magen geht, will Marlene Gilbert ein Comeback bescheren. Hätte Marlene durchgehalten, wäre das vielleicht auch gelungen. Doch sie frischt ihre Affäre mit Gary Cooper wieder auf, woraufhin Gilbert seine Affäre mit dem Alkohol fortsetzt. Herzattacken kommen hinzu, und Marlenes erneute Zuwendung kann nicht verhindern, dass er mit siebenunddreißig Jahren im Alkoholrausch an seiner eigenen Zunge erstickt.

«Desire», eine Komödie, macht aus einer raffiniert hochstapelnden Diebin, Marlene, eine durch Liebe bekehrte kleine hübsche anschmiegsame, den großen amerikanischen liebenswerten und arglosen Jungen, Gary Cooper, anhimmelnde Frau, die sich auf nichts stärker freut, als in Detroit mit ihrem Autoingenieur, Sohn «nur» eines Briefträgers, ganz gesund und unambitioniert verheiratet zusammenzuleben. Doch nach dem Happy End, schreibt Tucholsky, wird meistens abgeblendet.

Lubitsch ist ein Meister der Komödie, das hat er als Reinhardt-Schauspieler, als Drehbuchautor und als Regisseur schon in der Stummfilmzeit in Berlin bewiesen. Seine «Madame Dubarry» (1919) hatte in den Vereinigten Staaten solchen Erfolg, dass er mit seinem Star Pola Negri nach Hollywood ging.

Publikum und Kritikern gefällt diese leicht erzählte Geschichte der Besserung einer «aristokratischen» Diebin namens Marlene Dietrich. Die überaus witzige Situationskomik lässt einen heute noch schmunzeln. In dieser Rolle sieht das amerikanische Publikum Marlene wieder gern. Dass ihre Augenbrauen noch einen Zentimeter höher gelegt wurden, dass nun auch der Lippenstift die Form des Mundes missachtet, um ihn voluminöser wirken zu lassen, dass ihr Gesicht, im ersten Teil des Films zumindest, maskenhaft eingefroren, aber nicht annähernd so schön wirkt wie in von Sternbergs Filmen, scheint niemand gesehen zu haben. «Time» bezeichnet «Desire» als «romantische Komödie voller Raffinesse, in der Marlene die beste Leistung zeigt, seit sie zu anständig geworden ist, um ihre Beine zu zeigen, die sie in den Vereinigten Staaten berühmt gemacht haben».[115]

«Hotel Imperial», ein nächster Film mit Lubitsch, wird nicht fertig gestellt, da er trotz des Verbrauchs von 900 000 Dollar nicht glücken will. Lubitsch, der offenbar den organisatorischen Fragen, die mit seinem Führungsjob verbunden sind, nicht gewachsen ist, fliegt raus, genau wie von Sternberg. Und Marlene verlässt ebenfalls das Studio; in desolatem Zustand, sie hatte auf Lubitsch gesetzt. Die Durststrecke währt nicht lang, auf Partys will man sie immer haben, und auch das so genannte Frauenkränzchen, ein Kreis lesbischer Freundinnen, trifft sich regelmäßig.

Jetzt möchte der Produzent David O. Selznick, United Artists, die neue Marlene, die ihm in «Desire» gefallen hatte, in Farbe ausprobieren. Auch er betrachtet sie als Von-Sternberg-geschädigt, als unter Wert eingeschätzt: «Keine auch noch so bedeutende Persönlichkeit hätte die Aneinanderreihung von gräßlichen Filmen überlebt.»[116] Marlene schätzt sich hoch ein, verlangt und erhält schließlich auch 20 000 Dollar pro Woche; nach «Time» ist sie damit die höchstbezahlte Frau der Welt.

Dieser Film, «The Garden of Allah» («Der Garten Allahs»), wird zu einem Prachtexemplar melodramatischen Hollywood-Kitsches. Courths-Mahler könnte Pate gestanden haben. Im Übrigen macht er den typischen Fehler früher Farbfilme, indem er die farbigen Öldrucke der Jahrhundertwende zum Vorbild nimmt. Wie dem auch sei, als der Film im Dezember 1936 in London Premiere hat, wird Marlene von einer Woge der Begeisterung hinaufgetragen auf den Gipfel des Ruhmes. Selznick und Boleslawski haben nicht allein den Publikumsgeschmack getroffen, auch die Kritiker sprechen von Marlenes größter Leistung und können sich ob all der Schönheit gar nicht fassen. Es bedurfte schon eines Künstlers wie Graham Greene, um zu sehen und zu hören: «Miss Dietrich flüstert heiser, stilisiert, müde und eintönig große Abstraktionen, und das alles inmitten scheußlicher Technicolor-Blumen, einer gelben, mit Kratern übersäten Wüste, die einen an Schweizer Käse denken läßt, und beiger Gesichter.» Als entschiedener Katholik merkt er noch an: «O weh! Meine arme Kirche, so pittoresk, so edel, so übermenschlich fromm, so ungeheuer theatralisch.» [117]

Inzwischen steht sie bereits als strahlende Gräfin, die von ihrem Helden sicher durch das revolutionäre Russland geleitet wird, erneut vor der Kamera, stützt ihren asthmakranken Partner Robert Donat, indem sie ihm eine andere Sprechmethode beibringt, lebt in der drehfreien Zeit mit Douglas Fairbanks, Jr., zehn Jahre jünger als sie, im Claridge-Hotel, später in seinem Haus am Grosvenor Square, wo sie eine eigene Etage für ihre sechzig Schrankkoffer mietet, posiert für den Hobbybildhauer Fairbanks für eine Nacktskulptur und hat sich zu alldem verlocken lassen vom Produzenten Alexander Korda mit einer Summe von 450000 Dollar, etwa vierzehn Millionen D-Mark nach heutigem Wert. Eine solche Summe hat bis dahin noch keine Schauspielerin je für ein Engagement bekommen. Von diesem Geld beansprucht sie für sich allein nur einen Bruchteil. In Paris finanziert sie das anspruchsvolle Leben von Rudi und Tamara. In Berlin leben davon Mutter, Schwester, Schwager und Neffe. Auf 100000 Dollar verzichtet sie, damit Korda Josef von Sternberg die Regie überträgt für den Film «I, Claudius» mit Charles Laughton, der schließlich abgebrochen werden muss.

Von Sternberg wird in die geschlossene Psychiatrie-Abteilung des Charing Cross Hospital eingeliefert. Ihm gelingt das Filmen nicht mehr und das Leben auch nicht. Über ein Jahr lang ist er ans Bett gefesselt, da er unter katatonen Anfällen leidet.[118] Am Claudius-Thema faszinierte ihn die Frage, «wie ein Niemand zu einem Gott und wieder zu einem Niemand wird» [119]. Nicht allein ein intellektuell interessantes Thema für den Regisseur; mit einem Looping dieser Art hat er selbst zu kämpfen.

Zurück in Hollywood, bezieht Marlene ein neues Haus in Beverly Hills mit einem inmitten von Büschen gelegenen Swimmingpool. Wie Greta Garbo liebt sie es, nackt zu baden, und dabei stören sie auch keine Gäste. Fritz Lang, Regisseur von

Filmen, die Geschichte machten (wie «Metropolis», «Dr. Mabuse» und «M»), mit dem sie eine kurze Romanze hat, kann damit nicht umgehen. Als sie noch dazu von seinem Bett aus eine Verabredung mit einem anderen trifft, sind sie wieder Regisseur und Schauspielerin. Er meint, es sei eine Tragik der Dietrich gewesen, dass sie immer, wenn sie mit einem liiert war, sich hat vergewissern müssen, dass es noch einen anderen gab.

Lubitsch, der jetzt wieder selbst inszenieren kann, will sie für «Angel» haben. Marlene spielt die bezaubernde, selbstsichere Frau des Diplomaten Sir Frederick Barker. Der schätzt sich glücklich, vernachlässigt aber seine Frau zugunsten eigener Auftritte im Völkerbund, der internationalen Bühne von alles Private überragender Wichtigkeit. Die Diplomatenfrau sucht heimlich den exklusiven Salon in Paris auf, in dem sie einmal gearbeitet hat, trifft auf einen charmanten Verehrer, der sich unmittelbar in die rätselhafte Unbekannte verliebt. Ein kurzer Augenaufschlag, ein flüchtiger Blick von unten nach oben, ein absolut gewinnendes Lächeln, eine zarte und zugleich etwas raue Stimme, ein Glänzen des Ausdrucks ohne affektierte Künstlichkeit veranlasst den Fremden, sie Angel zu nennen. Lady Barker liebt

Sex war damals tabu: «Wir müssen das alles einzig und allein mit den Augen machen», erklärte mir Mae West eines Tages. Und daran hielten wir uns alle. Keine Szenen, in denen wir uns auszogen oder halb nackt waren, nichts Unschickliches.

Marlene Dietrich, 1984

diese Situation, in der ein Mann sie irritiert. Zurück in London, überschneiden sich die Wege. Nicht Diskussionen, eine Melodie überführt die Lady als Angel. Sie spielt sie auf dem Klavier und erklärt ihrem Mann, die Klänge seien ihr gerade eingefallen. Und der charmante Verehrer, der, welch ein Zufall, ein Kriegsfreund des Mannes war und schon einmal eine Geliebte mit ihm teilte, spielt dieselbe Melodie, just als Sir Frederick ihn telefonisch zu erreichen sucht.

Der Plot erinnert an «Blonde Venus» (in beiden Filmen spielt Herbert Marshall den Ehemann): Eine Komplikation der Verhältnisse öffnet der Ehefrau, die eigentlich ihren Mann liebt, einen Weg mit einem anderen, der jedoch zugunsten der Ehe wieder verlassen wird. Beide Filme lassen den Zuschauer mit gemischten Gefühlen zurück, beide Filme waren kein Erfolg, ob nun von Sternberg oder Lubitsch Regie geführt hat.

Was das Filmen der Marlene Dietrich angeht, folgt nun eine Durststrecke. Sie wird neben Fred Astaire, Joan Crawford, Greta Garbo und Katherine Hepburn zum Kassengift erklärt. Speziell gegen Marlene starten die Studio-unabhängigen Kinobesitzer eine große Antiwerbekampagne. Kurz darauf zahlt die Paramount der Schauspielerin 250 000 Dollar für den nächsten Film, wenn sie ihn nicht macht. Steven Bach kommentiert: «Die ‹bestbezahlte Frau der Welt› war arbeitslos.»[120]

Wenn der Film sie nicht brauchen kann, so gibt es immer noch das Leben. Marlene reist nach Europa, trifft Rudi und von Sternberg in Venedig, und während sie Comeback-Pläne schmieden, läuft ihr Erich Maria Remarque über den Weg, der sie offenbar genauso gern haben möchte wie sie ihn.

Remarque war 1929 berühmt geworden mit dem pazifistischen Roman über den Ersten Weltkrieg: «Im Westen nichts Neues»; Gesamtauflage über acht Millionen Exemplare, übersetzt in 45 Sprachen; bereits im ersten Jahr waren über eine Million Bücher in allen wichtigen Sprachen verkauft worden. Geldsorgen hatte er nicht. 1933 wurde der Roman zusammen mit «Der Weg zurück» (1931) vor der Berliner Universität verbrannt. Remarque steht in Verhandlung über eine Verfilmung seines Romans «Drei Kameraden» mit MGM. Das Projekt zerschlägt sich, und zur Jahreswende 1938/39 reisen Marlene und Remarque wieder nach Europa.

In Lausanne, wo Maria seit ihrem elften Lebensjahr im Internat «Brillamont» unterrichtet, erzogen und nach eigener Aussage glücklich wird, beruft Marlene noch einmal den Familienrat ein. Mutter, Schwester Elisabeth und deren Mann Georg Will, der in Berlin ein paar kleine Kinos leitet, reisen an. Marlene will sie überzeugen, dass es besser wäre, Deutschland zu verlassen. Doch die Szene kehrt sich um. Der Schwager versucht, im Auftrag der nationalsozialistischen Machthaber, Marlene klar zu machen, dass sie nach Berlin gehöre und dass ihr Arbeitsplatz bei der UFA sei. Eine unheimliche Situation. Keiner weiß, wie bald das Entscheidenkönnen ein Luxus sein wird, den sich niemand mehr leisten kann.

Mit Josef von Sternberg (links) und Erich Maria Remarque, 1939

Alle Pläne für einen Film, in Paris oder in Hollywood, zerschlagen sich, sodass Marlene schließlich mit allerlei Koffern und Menschen (Rudi, Tamara, Maria, Remarque, von Sternberg) an die Côte d'Azur reist, um ausgiebig Ferien zu machen. Auch der Liedertexter Max Colpet begleitet sie. Er ist einer der Letzten aus dem Hotel Ansonia in Paris, einem Zufluchtsort vieler jüdischer Literaten, Musik-, Theater- und Filmleute aus Berlin. Erich Maria Remarque schreibt an dem Roman «Arc de Triomphe», in dem das Hotel eine zentrale Rolle spielt. Entwurzeltsein und Widerstand gegen den Faschismus, auch Liebe und viel Calvados bilden Zentren der Handlung und bestimmen eine Atmosphäre von Verlorenheit und Verzweiflung. Marlene ist in der Beschreibung der «Madou» zu erkennen. Als das Buch 1945 erscheint, trägt es die Widmung an Marlene.

Remarque meint, das Geheimnis ihres Gesichts sei seine Offenheit. «Es versteckte nichts und gab dadurch nichts preis.»[121] In einer weiteren Beschreibung heißt es: «Das kühne, helle Gesicht, das nicht fragte, das nur da war und wartete – es war ein leeres Gesicht, dachte er […]. Man konnte alles hineinträumen. Es war ein schönes, leeres Haus, das auf Teppiche und Bilder wartete. Alle Möglichkeiten waren in ihm – es konnte ein Palast und eine Hurenbude werden. Es kam auf den an, der es füllte.»[122] Damit hat Remarque die Voraussetzungen für einen Star beschrieben: Die Belebung seiner Möglichkeiten ist angewiesen auf Menschen, die nach einer Inkarnation ihrer Träume suchen. Star und Publikum sind zwei Seiten eines Begehrens – wie Liebhaber.

Marlene hat zweifellos die Begabung, sich den Menschen als Objektivierung ihrer Träume zu präsentieren. Das gelingt ihr auch in diesen Ferien, trotz der politisch beängstigenden Situation. «Das Hotel du Cap d'Antibes war ein weißer Prachtbau mit Blick auf das Mittelmeer. […] Die Hautevolee der dreißiger Jahre fand sich dort ein. […] Der Dietrich-Zirkel logierte in Suiten, die ineinander übergingen.»[123] Das schreibt Maria viele Jahre später, als der Glanz der Vorkriegszeit und ihrer eigenen Jugend nur noch Erinnerung sind. Mit den Bostoner Kennedys werden die Siebers, oder besser, Marlene Dietrich und ihre Entourage vertraut. Maria freundet sich mit John F. und Bob an und wäre zu gern ein Kind dieser Familie gewesen. Reichtum, Ansehen, Macht, kurz: das so genannte Höhere gepaart mit Spielraum fasziniert sie in dieser Zeit genau so stark wie ihre Mutter.

Eine Steigerung der anderen Art bietet Marlene die kanadische Whisky-Millionärin Jo Carstairs, die mit ihrer Jacht bei Villefranche-sur-Mer vor Anker liegt. Mit kurzem Haarschnitt und langen Hosen sucht sie Marlene abzuwerben: auf den Bahamas könne sie, umgeben von lauter Zofen, wie eine Prinzessin auf ihrer eigenen Insel leben. Honni soit qui mal y pense …

Nicht allein das Verlangen nach dem erneuten Auftritt, sondern mehr noch die Tatsache, dass das süße Leben auch bezahlt werden muss, sowie der Zuspruch Josef von Sternbergs bringen Marlene dazu, den ersten Ruf aus Hollywood zu erhören. Außerdem ist noch eine Steuerschuld in den USA zu begleichen, und die Juwelen sind einzulösen, die als Pfand konfisziert wurden, als sie zuletzt die Staaten verließ.

Ob sie Interesse hätte, in einem Western mit James Stewart die Rolle einer Saloonsängerin zu übernehmen, fragt Mitte Au-

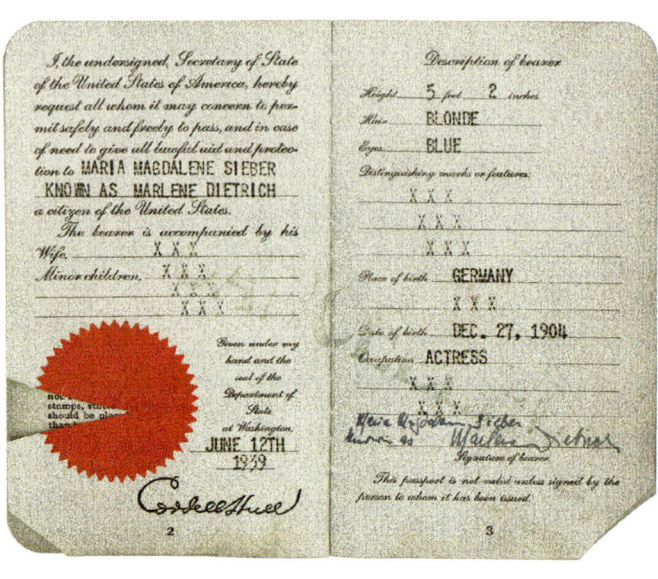

Marlene Dietrichs US-amerikanischer Pass,
ausgestellt am 12. Juni 1939

gust 1939 per Telefon der Spitzenproduzent der Universal, Joe Pasternak. Von Sternberg meint, dass diese Erweiterung ihrer Karriere nicht schaden werde. Er habe sie als unantastbare Göttin auf ein Podest gestellt, während Pasternak eine gütige Göttin zum Anfassen aus ihr machen könnte; eine ausgezeichnete Verkaufsstrategie! Außerdem ist Universal bereit, Rudi in der Auslandsabteilung einen Job zu geben.

Am 12. Juni 1939 erhielt «Maria Magdalene Sieber professionally known as Marlene Dietrich» den amerikanischen Pass. Am 4. September unterwirft sie sich dem Initiationsritus: Sie spielt die Hauptrolle in einem Western. «Destry Rides Again» («Der große Bluff») ist eine gelungene Western-Parodie. Alles Aristokratische, Mondäne, Larmoyante, Elegische scheint Marlene an der Côte d'Azur zurückgelassen zu haben. Sie erhält den Namen Frenchy, worin zwar noch das Wort «french» (französisch) steckt, aber auch «frenzy» (wirbelig, verrückt, überdreht). Wenn sie die Lieder «Little Joe» oder «See What the Boys in the Back Room Will Have» (Musik von Friedrich Hollaender, Text von Frank Loessner) singt, balanciert sie im Saloon auf der Theke vor einer moralisch heruntergekommenen Gesellschaft von schnell schießenden, angetrunkenen, zu jeder Schandtat verführbaren Männern aus Bottle Neck. Sie singt mit leicht ironischer Distanz und steckt doch mitten im Geschehen. Wenn es darum geht, beim Spiel jemanden auszunehmen, macht Frenchy, liiert mit dem «Bösen», ihren Kaffeetrick. Ganz aus Versehen kippt sie dem Opfer die heiße Brühe über die Hose und lenkt seine Aufmerksamkeit von den Karten weg, erbarmungslos.

Alles ändert sich mit der Wahl des notorischen Trinkers von Bottle Neck zum Sheriff, nachdem der alte Sheriff, der gar keinen Spaß verstand, erschossen worden war. Der neue Amtsinhaber nimmt seine Aufgabe wider Erwarten ernst, erinnert sich an den legendären Westernhelden Destry, holt dessen Sohn als Hilfssheriff und bringt mit dem jungen, sympathischen, linkisch wirkenden James Stewart einen «Helden», der nichts vom Schießen hält.

Zwei Szenen ragen heraus. Marlene liefert eine der schönsten Prügeleien mit einer Frau (Una Merkel), die es in der Ge-

Lola Lola im Western Style: Marlene Dietrich
als Frenchy in «Destry Rides Again», 1939

schichte des Westernfilms gibt. Furios wirft sie schließlich mit
Flaschen auf Destry, weil der den Kampf zu beenden versucht,
indem er auf die Raufenden, wie auf verbissene Köter, einen
Eimer mit kaltem Wasser kippt. Als sich Destry im Verlauf des
Films nicht allein als Geschichtenerzähler («Ich kannte mal ei-
nen, der …»), sondern auch als perfekter Schütze mit einem
Herzen aus Gold erweist, beginnt Frenchy ihn zu bewundern
und vor ihren Freunden, die seine Feinde sind, zu beschützen.
Warum sie ihr Gesicht denn immer so voll schmiere, fragt er, als
sie in seine Arme gerät, warum sie nicht einfach so herumlaufe,

wie sie wirklich aussieht, das wäre nämlich viel hübscher. Gut möglich, dass James Stewart diese Frage Marlene Dietrich auch nach der Arbeit stellt, wenn sie ihre Romanze im wirklichen Leben fortsetzen. Am Ende des Films springt Frenchy in die Schusslinie, was ihn rettet, sie aber sterben lässt.

In keinem der früheren Filme gibt es eine Diva, der man die Schminke hätte verwischen oder einen Eimer Wasser über ihre Schönheit hätte gießen dürfen.

Joe Pasternaks Rechnung geht auf. Er hatte Marlene in Berlin kennen gelernt zur Zeit des «Blauen Engel», als sie keine «Wachsfigur», keine «Schaufensterpuppe» war, sondern sehr «natürlich». Alle sind von Marlene begeistert. Die Kritik feiert die neue/alte Marlene. James Stewart meint, Marlene hätte den Film zum Hit gemacht. «Nachdem wir eine Woche an dem Film gearbeitet hatten, habe ich mich in sie verliebt. Sie war schön, liebenswürdig, bezaubernd und kannte sich mit der Schauspielerei so gut aus wie kaum ein anderer. Dem Regisseur [George Marshall], dem Kameramann [Hal Mohr] und der ganzen Besetzung ging es genauso wie mir: wir haben uns alle in sie verliebt.»[124] Offenbar die richtige Methode, einen (auch finanziell) erfolgreichen Film zu machen.

Mit «Destry Rides Again» wie auch mit «Seven Sinners», dem nächsten Film, den Pasternak produziert, gerät eine Seite von Marlene Dietrich auf die Leinwand, die sich früher eher in den Drehpausen zeigte. Abgesehen von ihrem Beharren, so ausgeleuchtet zu werden, wie sie das aus von Sternbergs Filmen kennt, ist sie ein «Buddy», ein «Kumpel», auf den man sich verlassen kann, der einem hilft, wenn man in Not ist, der interessiert ist an den Alltagssorgen seiner Kollegen. Manche erinnern sich an die von ihr selbst gekochte Hühnersuppe, andere an ihre selbst gebackenen Plätzchen, die sie in den Drehpausen großzügig verteilt. Nach Abschluss der Dreharbeiten, bevor alle wieder ihrer Wege gehen, bringt Marlene Geschenke mit, eine Musiktruhe, eine Schweizer Uhr mit eingravierter Widmung und wertvollere Objekte.

Für den Film «Seven Sinners» («Das Haus der sieben Sünden»; 1940) kann sie ihren Partner selbst bestimmen. Zu besetzen ist die Rolle eines gut aussehenden Marine-Offiziers. Der

Regisseur Tay Garnett zeigt ihr John Wayne: «Als wir eintrafen, stand Wayne dort wie besprochen im Türrahmen und redete mit ein paar Freunden. Die Dietrich schwebte an ihm vorüber, wie es ihre Art war, als wäre er unsichtbar, dann hielt sie an, machte eine halbe Drehung und musterte ihn von oben bis unten. Als wir weitergingen, sagte sie zu mir: ‹Daddy, d e n mußt du mir kaufen.› […] Ihre Beziehung startete wie eine Rakete. Sie waren verrückt aufeinander.»[125] Ihre Affäre währt drei Filme lang. «Die Dietrich war mehr als nur eine ideale Bettgefährtin. Sie war, neben John Ford, der erste Mensch in der Filmbranche, der Duke [Kosename für John Wayne] sagte, daß er an ihn glaube […]. Die Dietrich brachte Duke dazu, daß er sich wieder wie ein Mann fühlte, sowohl im Bett als auch im Studio», berichtet Pilar, seine dritte Frau.[126]

«Seven Sinners» ist der Film mit der längsten Saalschlacht der Filmgeschichte. Marlene / Bijou Blanche, eine Nachtclubsängerin, verliebt sich in den Offizier, läuft aber schließlich davon, um seine Karriere nicht zu gefährden. Wieder sind die Lieder von besonderer Wirkung: «I Can't Give You Anything But Love, Baby», «The Man's in the Navy», «I've Been in Love Before». Der Film wird wie sein Vorgänger ein Riesenerfolg. Donald Spoto hebt Marlenes Kunst der «Spätzündung» hervor und beschreibt den leicht zweideutigen Ton des Films. In einer wilden Prügelszene in ihrem Zimmer, bei der Wayne sich in ihrem Federkleid verheddert, während ein anderer plötzlich einen ihrer Hüte aufhat, «sagt Bijou leichthin, während sie über das Chaos steigt, ‹ich hoffe, ich störe euch Mädels nicht›»[127]. Auch das Publikum findet Marlene hinreißend und amüsant und glaubt, dass die wirklich begabte Schauspielerin endlich zu sich selbst gefunden hat.

In Europa herrscht Krieg. Polen, Holland, Belgien und Paris sind vom nationalsozialistischen Deutschland besetzt. Die Auswirkungen zeigen sich selbst in Hollywood; in Europa lassen sich keine amerikanischen Filme mehr absetzen. Greta Garbos Karriere geht auf diese Weise zu Ende. Eine andere Wirkung liegt in der erneuten Zuwanderung von Schauspielern und Regisseuren. Aus Frankreich kommt René Clair, dem Pasternak sogleich für einen weiteren Marlene-Film die Regie anvertraut.

Der Film wird ein Flop. Er ist so gewollt komisch, dass man geradezu ärgerlich wird.

Ganz ähnlich steht es mit dem Film «Manpower» («Herzen in Flammen»), in dem Marlene von einer larmoyant Kaugummi kauenden Animierdame aus Mitleid und Einfallslosigkeit zur Ehefrau aufsteigt, um den Vorarbeiter (Edward G. Robinson) einer Männerkolonne für Störfälle an Hochspannungsleitungen mit selbst gebackenen Brötchen zu bemuttern. Als sie feststellt, dass sie dessen besten Freund (George Raft) begehrt, will sie aus edlem Gemüt das Feld räumen. Missverständnisse führen zum Kampf der Freunde; der Ehemann stirbt, und so kann die Geschichte einmal anders enden als in «Blonde Venus» und «Angel». Die Ideologie vom amerikanischen Mann als hartem, etwas dämlichen, aber liebenswerten großen Jungen mit den zugehörigen Männerscherzen ist – heute zumindest – kaum zu ertragen. Im Amerika von 1941 gefiel der Film sehr gut.

Seit Jahren lenkt der Präsident der Vereinigten Staaten, Franklin D. Roosevelt, den Blick der Bevölkerung auf den Sachverhalt, dass Amerika mit der übrigen Welt, besonders mit Europa, enger verbunden ist, als man bislang wahrhaben wollte. Mit Lindberghs Nonstop-Atlantikflug (1927) hatte sich ganz konkret eine bis dahin nicht gekannte räumliche Nähe bewiesen, die eine Politik der Isolation obsolet erscheinen lässt. Nachdem Aufforderungen an Deutschland und Italien, von ihren Eroberungsfeldzügen abzulassen, ohne jede Wirkung waren, gerät mehr und mehr in den Blick, dass Amerika bald Männerkolonnen für Störfälle, wie der Krieg einer ist, brauchen wird. Ob der Regisseur, Raoul Walsh, diesen zeitgeschichtlichen Rahmen im Sinn hatte, ist sekundär. Die Männer im Film leben jedenfalls unter besonders harten Bedingungen, sind bereit, ihr Leben zu riskieren, und pflegen, trotz gelegentlicher Prügeleien, die Idylle der harten Jungs, die im Kern gute Kameraden sind.

Im August 1941 spielt Marlene einen Star. «The Lady is Willing» wird als unbedeutende Komödie beschrieben, in der Marlene ihre Rolle eines Musical-Stars vom Broadway versiert abspult, vernarrt in Hüte, einen Doktor und ein Fundstück in Gestalt eines Babys. Am Ende besitzt sie all das.

Interessanter als der Film, den Marlenes Agent Charles K.

Feldmann bei Columbia produziert, ist eine Situation während der Aufnahmen. Mit dem Kind auf dem Arm stolpert Marlene über ein Feuerwehrauto, fällt mitsamt dem Kind und dreht sich im Fallen so, dass dem Kind nichts geschieht, während sie selbst einen Knöchelbruch erleidet und einen Gipsverband erhält. Die Zeitschrift «Life» macht daraus eine großartige Geschichte, bebildert mit den Aufnahmen der Szene. Marlene wird zum Pelikan stilisiert.

Am 7. Dezember 1941 bombardieren die Japaner die amerikanische Flotte in Pearl Harbour. Kurz danach erklärt Hitler Amerika den Krieg. Was tun? Weiter Filme der unterhaltsamen Art drehen? Marlene Dietrich steht im einundvierzigsten Jahr, versehen mit Schönheit, Können und Routine, versehen mit Liebhabern, von denen Kinobesucher träumen. John Wayne, mit dem sie 1942 «The Spoilers» («Die Freibeuterin») und «Pittsburgh» drehen wird, ist noch im Spiel. Remarque steht ihr ebenfalls nahe, wenn auch mit seiner Stellung zu Marlene hadernd. Man soll sich nicht in eine Schauspielerin verlieben, erzählt er Clifford Odets, sie würde Männer mit Verstand zwar lieben, bewundern und aufbauen, aber verstehen könne sie nur die Schauspieler.

Seit 1941 ergänzt Jean Gabin den Reigen der Liebhaber. Gabin hat als Soldat in Frankreich gegen die Nazis gekämpft. Bei einem Fronturlaub konnte er ihnen gerade noch entkommen. «Als er durch das Kriegsgebiet fuhr, war er auf eine Gruppe von Kindern gestoßen, die er mit sich nahm und in Sicherheit brachte. Insgesamt drei Wochen war er unterwegs, […] seine Nahrung mußte er sich auf den Feldern suchen. Nach dem Waffenstillstand ging er für acht Monate in den Süden Frankreichs, bis die Vichy-Regierung ihm endlich erlaubte, nach Amerika zu reisen.»[128]

Wie schon mit Remarque belebt sich Marlenes Liebe zu Frankreich. Wenn sie mit Gabin in Hollywood ausgeht, singt sie «zu ihrem Vergnügen in den Nachtclubs patriotische französische Lieder. Das endete immer mit der ‹Marseillaise›», berichtet der französische Regisseur Jean Renoir.[129] Gabin kann das Glamour-Leben in Hollywood nicht ertragen, besonders in dieser Zeit. In Europa leiden und sterben die Menschen. Marlene kocht für ihn, massiert ihm die Füße, putzt und kauft ein. Spoto nennt das Beschützerinstinkt. Später sagt Marlene, Gabin sei der Mann, den sie am meisten geliebt habe, was sie während der Dreharbeiten zu «Manpower» nicht hinderte, sich auf eine Affäre mit George Raft einzulassen.

Hollywood reagiert auf die internationale Lage mit der Gründung des «Hollywood Victory Commitee», einer Organisation, welche die Filmindustrie anhält, die Unterhaltung der Truppen zu fördern und die Kriegsbemühungen zu unterstützen. Vorsitzender wird Clark Gable. Marlene reist durch die Staaten und verkauft Kriegsanleihen – mit größerem Erfolg als ihre Kollegen. Zu ihren Werbemethoden gehört auch der körperliche Einsatz in Nachtclubs, was Roosevelt zu Ohren kommt und veranlasst, ihr im Weißen Haus die Leviten zu lesen.

Die Tochter Maria Sieber ist inzwischen Schauspielerin geworden, ausgebildet bei Max Reinhardt, in Hollywood. 1943 heiratet sie in der Hollywood Congregational Church in Abwesen-

Mit ihrer Tochter
Maria Riva bei einer
CBS-Sendung, 1943

heit der Eltern. Sie hat schon lange nicht mehr bei ihrer Mutter gelebt im Bemühen, sich ihrem Einflussbereich zu entziehen. Marlene Dietrich gehört zu den Müttern, die allzu bestimmt nur das Beste wollen und auf diese Weise ihre Kinder erbarmungslos bevormunden – wenn sie gerade Zeit für sie haben. Mit einem Mann an ihrer Seite, dem Schauspieler Dean Goodman, fühlt sich die Tochter stärker. Marlene Dietrich, die die Ehe nicht verhindern konnte, mischt sich ein, indem sie in der Wohnung der Tochter in deren Abwesenheit putzt und Möbel unterbringt. Sie muss die Kontrolle behalten, die sich mit Fürsorglichkeit tarnt.

Als Jean Gabin zur Widerstandsbewegung «Freies Frankreich» nach Nordafrika geht und als die letzten Filmauftritte wenig großartig ausfallen und sich zudem ein Engagement am Broadway («One Touch of Venus» von Kurt Weill) zerschlägt, entscheidet sich Marlene endgültig für die «USO», die die Unterhaltung der Truppen im Krieg organisiert.

*Ich werde nicht hier sitzen, still vor mich hinarbeiten und den Krieg an mir vorübergehen lassen.*[130] Marlene will an die Front. *Sobald ich aufgerufen werde, wird jemand mich übernehmen, mich an meinen Bestimmungsort bringen, und alle meine eigenen Pläne und Träume, die ich schon aufgegeben habe, werden zurückbleiben. Ich werde nicht mehr denken und entscheiden müssen – weder für mich selbst, noch für andere. Man wird mich verpflegen, sich um mich kümmern, falls ich Schwierigkeiten bekomme. Das Leben wird einfach sein.*[131]

Jeder Bewerber für das Fronttheater wird gründlich auf seine Zuverlässigkeit hin überprüft, was bei Marlene mit ihrer deutschen Herkunft offenbar länger dauert. Der Komiker Danny Thomas, Conférencier des Ensembles, dem sie zugeordnet wird, bringt ihr das Wichtigste bei: «Wie man den Lacher, den man haben will, auslöst und die unerwünschten Lacher abwürgt; wie man cool bleibt, wenn das Publikum in Fahrt kommt; wie man Störer abfertigt; wie man Stille zu seinem Vorteil nutzt.»[132]

Im April 1944 wird die Gruppe in einem Militärflugzeug nach Oran, Nordafrika, gebracht. Am 11. April hat Marlene ihren ersten Auftritt in Algier. Höhepunkt ist ihre Nummer mit der singenden Säge, die sie, nachdem sie das Kleid bis zu den Oberschenkeln hochgezogen hat, zwischen die Beine klemmt.

Marlene bei den GIs, 1944

Joshua Logan hat eine der Shows, die an allen Orten demselben Programm folgen, beschrieben: «Dort drängen sich die GIs in voller Montur [...] mit ihren Waffen, ihren Wasserflaschen, mit allem. Dann begann das Orchester zu spielen, und die Dietrich schlenderte auf die Bühne in ihrem so genannten ‹nackten Kleid›. Es war mit Flitter besetzt, aber zwischen dem Flitter schimmerte es rosafarben – es sah aus, als wären die Pailletten auf den nackten Körper genäht. Dann breitete sie die Arme aus, und die Männer stießen ein animalisches Geschrei aus, fünf oder sechs Minuten lang. Sie brüllten und schrien a-a-a-a-h-h-h. Es war phantastisch, das zu sehen; die Jungs waren völlig weg. Und Marlene ging ganz darin auf. Sie stand nur da und ließ sich davon tragen.»[133]

Marlene Dietrich – im Rang eines Hauptmanns; greifbar nahe, aber nicht ‹angetatscht›. Jeder will sie haben. Und Marlene genießt die ganze Fülle der Möglichkeiten, verdichtet in einem Augenblick. Das sexuelle Geplänkel, Verliebtheiten, die über Kameraderie hinausgehen, bieten, verglichen mit diesem Augenblick, nur ein banales Vergnügen, ob es sich nun um GIs handelt oder um Generäle wie James Gavin, 82. Division der Luftlandetruppe, und George Patton, der ihr vor Nancy einen perlmuttbesetzten kleinen Revolver gibt.

Der Anblick der Soldaten in den Lazaretten geht ihr nahe. Sie versucht zu trösten, Mut und Hoffnung zu machen, auch bei den verwundeten Deutschen, oftmals große Jungen, die ihre Söhne sein könnten.

Eine Diva erlebt den Krieg aus allernächster Nähe, mit Bomben und Granaten, mit allem Dreck, mit Läusen und Ratten, mit Hunger, Angst und Gefahr, mit Eiseskälte; ihre Wäsche reinigt sie im Schnee, der in ihrem Stahlhelm auftaut; schließlich erkrankt sie selbst an einer Lungenentzündung. Zwei bis vier Shows täglich. Mit dem Flugzeug erreicht das Ensemble die Stellungen, die es oft noch am selben Tag wieder verlässt, um weiterzuziehen.

Indem Marlene dieses Schicksal wählt, kann sie sich mit ihrer Familie in Deutschland verbunden fühlen. Anders als in den künstlichen Paradiesen der Traumfabrik spielt sie jetzt eine lebenswichtige Rolle für andere – als Künstlerin und als Caritas. Eine lange Reise: von Algier nach Neapel, nach Anzio, ins befreite Rom, nach Sizilien, nach Korsika. Im Frühsommer 1944 wird die Gruppe nach New York beordert. Dann wieder Europa, im August erreicht das Ensemble das befreite Paris, nach Zwischenlandungen und Auftritten in Labrador, Grönland, Island und England.

Es wäre merkwürdig, wenn man in dieser Lage nicht an den Tod denken würde. Marlene hat ihre ganz eigene Art. Sie malt sich ihr Begräbnis als heiter-makabres Happening aus, bei dem ihre Liebhaber sich versammeln – ein grotesker Ball der Erinnerung. Rückblickend beschreibt Marlene Dietrich eine Situation, die für viele steht: *Wir schliefen irgendwo in einem Stall; plötzlich spürte ich, wie Hände mich schüttelten, hörte Stimmen: ‹Es sind Acht-*

*achter.› […] ‹Sie sind ganz in der Nähe, Achtachter zielen auf uns – haut ab, los haut ab.› Wir krochen aus unseren Schlafsäcken – Gott sei Dank waren wir ganz angezogen – und rannten davon. Aber wohin? Jemand brüllte, wir sollten laufen. Also liefen wir. Ein Jeep, nichts wie hinein, Helme stießen aneinander, schnell, um Himmels willen schnell […].*[134] Gewiss genoss die Diva auch Vergünstigungen, dafür werden die Generäle schon gesorgt haben.

Wieder werden sie auf Tournee geschickt, Richtung Aachen. Im Hürtgenwald, unweit der Stadt, spitzt sich der Kampf zwischen Amerikanern und Deutschen noch einmal in aller Heftigkeit zu. Marlene ist bei den ersten Truppen, die Deutschland besetzen. Anfang Mai 1945 werden die Kampfhandlungen eingestellt. Marlene findet ihre Schwester wieder, in Bergen-Belsen. In der bangen Annahme, sie dort als Opfer zu finden, muss sie sich mit dem Sachverhalt auseinander setzen, dass Schwester und Schwager zu einer Hilfstruppe gehören, die mit der Lagerleitung des KZ zusammengearbeitet hat. Marlene weiß nicht, was sie schlimmer finden soll. Ihre Mutter wird erst im September ausfindig gemacht, in Berlin-Friedenau. Das Foto von zwei streng gekleideten Damen mit Krawatte geht um die Welt. Im zerbombten Berlin versucht «der General» die Firma Felsing erneut in Schwung zu bringen, doch am 6. November 1945 stirbt die Mutter an einem Herzschlag.

Im Juli 1945 erreicht Marlene New York. Rudi holt sie am Flughafen ab, eine zarte Gestalt in GI-Uniform mit Feldstiefeln. Mit dieser Rolle steht ihr kein großer Bahnhof zu wie 1930, als sie auf dem Weg nach Hollywood war. *Als wir nach Kriegsende wieder in die Vereinigten Staaten zurückkehrten, wurden wir mit dummen Kommentaren empfangen. Wir durften nicht ohne Krawatte in ein Restaurant gehen – ganz gleich wie viele Orden die Uniformen der Fallschirmspringer aufwiesen. Ich war im «El Morocco», im Champagnersaal, als solchen Männern, die in einem Krieg, der sie eigentlich nichts anging, Zivilisten verteidigt hatten, der Eintritt verwehrt wurde. […] In wohlgezielten Worten sagten wir ihnen, der Teufel solle sie holen.*

*Es folgten die Jahre der ‹Wiedereingliederung›, wie es so schön hieß. Ich für meinen Teil brauchte lange, sehr lange, bevor ich mich wieder ‹eingegliedert› hatte.*[135]

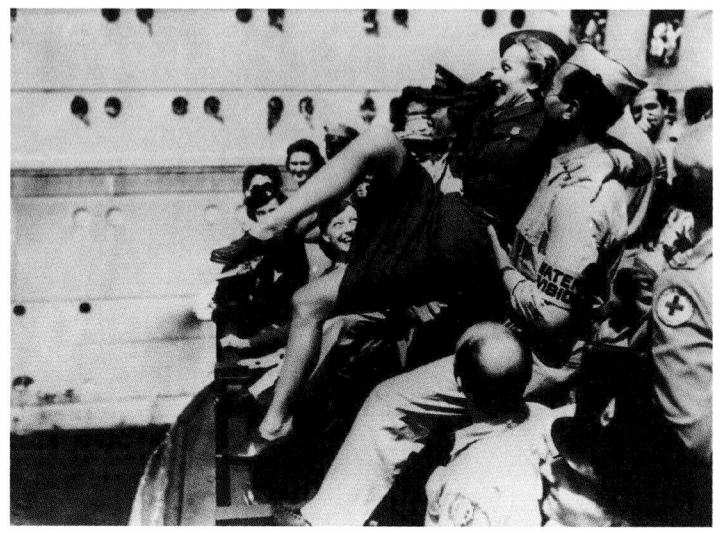
Als Truppenbetreuerin der U.S. Army bei der Heimkehr amerikanischer Soldaten im New Yorker Hafen, 1945

In Hollywood gibt es keine Arbeit für sie; also: kein Geld, keine Aufgabe, keine Richtung, keinen Sinn. Marlene muss nun wieder selbst die Regie übernehmen. Der Gedanke, nach Deutschland zurückzugehen, kommt ihr gar nicht. Ihre Freunde leben in anderen Ländern. Zunächst reist sie nach Paris und unterhält im «Olympia» die Truppen, die nicht schon bei Kriegsende nach Hause zurückkönnen, mit der Front-show. Durch den Krieg hat Marlene eine neue Form für ihre Love-affair mit dem Publikum gefunden. Diese sinnliche Atmosphäre der Direktheit mit den Zurufen, dem Rauch von Zigaretten und den zugeworfenen Blumen hat eine andere Qualität, als der Film möglich macht. Es erinnert an ihre frühen Bühnenauftritte.

Zunächst allerdings versucht Marlene weiter, beim Film unterzukommen. In Paris lebt sie wieder mit Jean Gabin zusammen. Im Sommer 1946 spielen sie ein Paar in «Martin Roumagnac». Marlene in der Rolle einer normannischen Bäuerin. Kein Film, der begeistern kann. Drehbuchautor und Regisseur wollten einen Gabin-Film. Während der Dreharbeiten leben beide

Hauptdarsteller im Hotel Claridge zusammen; spannungsreich. Sie küssten und sie schlugen einander. Gabin hat allen Grund zur Eifersucht, leidet darunter und lässt auch Marlene leiden. Der «Spatz von Paris», die Sängerin Édith Piaf, wird eine intime Freundin von Marlene, den jungen Gérard Philippe bewundert und bemuttert sie und last but not least: der jüngste General der amerikanischen Armee, Fallschirmjäger James Gavin, setzt seine Affäre mit Marlene im Frieden fort. Außerdem liebt Gabin besonders die bemutternde, häusliche Marlene, nicht die Karrierefrau.

In «Golden Earrings» («Goldene Ohrringe») spielt sie unter der Regie von Mitchell Leisen eine Zigeunerin. Eine uninteressante Geschichte zwar, ein überflüssiger Film, schlechte Kritiken; allerdings kommt Geld dabei heraus. Was das Filmen angeht, hält man Marlene wieder einmal für erledigt.

Dass das nicht stimmt, liegt zum großen Teil an Billy Wilder, der Marlene für «A Foreign Affair» («Eine auswärtige Angelegenheit») engagiert, einen Film, der im zerstörten Berlin

Mit Jean Gabin in «Martin Roumagnac», 1946

spielt und der Zuschauer wie Kritiker länger beschäftigt als «Golden Earrings» und manch anderer Film. Wilder stammt aus Österreich, lebte in Berlin als Journalist und Regisseur und verließ die Stadt in der Nacht des Reichstagsbrandes mit Ziel Amerika. Ruinen, Trümmer und etwas Nostalgie sind Hintergrund für die liebevolle Inszenierung des Provisorischen. Marlene, im wirklichen Leben ausgezeichnet mit der amerikanischen Ehrenmedaille für ihre Leistungen im Krieg, wird im Film zu Erika von Schlütow, die sich in der Nachkriegsnot, von Frederick Hollander begleitet, als Sängerin im Nachtclub «Lorelei» über Wasser hält: «Black Market», «Illusions», «The Ruins of Berlin». Außerdem wickelt sie den Captain «Johnnie» um den Finger, der auf dem schwarzen Markt alles für sie besorgt, Nylonstrümpfe, eine Matratze, auch ein paar Illusionen («leicht abgegriffen, second hand, aber so gut wie neu»). Obwohl er weiß, dass sie zum persönlichen Kreis um Hitler gehörte, deckt er sie.

Wilder wagt, das heikle Thema der so genannten Entnazifizierung mit komödiantischen Zügen zu versehen. Phoebe Frost (Jean Arthur) kommt mit anderen Kongressabgeordneten aus Amerika, um die Moral der amerikanischen Truppen in Berlin zu überprüfen. Die Bilder des zerstörten Berlin, die hohlen Häuser vom Flugzeug aus gesehen, die Mauerreste, der meterhohe Schutt in den Straßen erschüttern den Betrachter heute noch. Wilder hat die Dokumentaraufnahmen bald nach Kriegsende gedreht. Die Kongressabgeordnete zeigt sich weniger betroffen als ihre männlichen Kollegen. Sie will Menschen wie die von Schlütow, intime Freundin des gesuchten Nazioffiziers Hans Otto Birgel und jetzt unmoralische Halbweltdame, «ausmerzen». Denn schließlich habe der Krieg Amerika 350 Milliarden Dollar gekostet. Marlene taxiert die amerikanische Frau und empfiehlt mit ironischer Miene Lippenstift und eine weniger strenge Frisur. Im Übrigen meint sie, in diesen Zeiten seien «wir alle» zu Tieren geworden und würden nur noch durch den Trieb der Selbsterhaltung bestimmt.

Phoebe Frost verliebt sich in Erikas Johnnie, trinkt ein bisschen zu viel, wird bei einer Razzia in der «Lorelei» festgenommen und von Erika beschützt, die von der Polizei laufen gelassen wird. Erika will nur ihren Johnnie wiederhaben, der jedoch nicht mehr «ihrer» ist, sondern zu Zwecken der Beobachtung auf sie angesetzt wird, um auszukundschaften, wann Birgel auftaucht, der sich vermutlich aus Eifersucht an Johnnie und ihr rächen wird. Johnnie überlebt, und die Kongressabgeordnete, geläutert durch die Nachkriegserfahrungen («jeder rutscht einmal aus in diesen Zeiten …»), bekommt doch den lebenslustigen Captain aus ihrer Heimat Iowa. Erika von Schlütow wird verhaftet und abgeführt. Zwei Bewacher werden den Bewachern nachgesandt, die wiederum einen weiteren Bewacher erhalten. Alle fünf folgen dem Befehl nur allzu gern, und wir ahnen, dass der Fall von Schlütow nicht so einfach abgeschlossen werden wird.

Marlenes Körper und Gesicht haben sich verändert; inzwischen 47 Jahre alt, wirkt sie etwas fülliger und steifer. Das passt nicht ganz zur Rolle. Sie hat die Gewohnheit, beim Singen und oftmals auch beim Sprechen die Unterlippe und den Unterkiefer leicht vorzuschieben. Was früher eigenartig wirkte, sieht jetzt unschön aus. (Aber das fällt nur auf, wenn man ihre Filme in dichter Folge nacheinander sieht und nicht über die Jahre verteilt, wie das für den normalen Zuschauer gilt.) Mit 46 Jahren hat sie sich gleich zwei Schönheitsoperationen unterzogen.[136]

Hollaender beschreibt Marlene als Beispiel eines Typus. Mit dem Liedertext «Illusions» verfasst er das Psychogramm der aus Berlin stammenden Künstler, die sich mit einem Panzer aus Selbstironie und Humor im Spannungsfeld von Größenwahn und Desillusionierung am Leben erhalten.

«A Foreign Affair» erhält zumeist positive Kritiken. Marlenes Bild erscheint auf dem Cover von «Life» mit der Titelzeile, sie stehle allen die Show in einer tollen Hollywood-Komödie über die Berliner Halbwelt. Wilders Assistent Gerd Oswald, der Marlene noch aus Berliner Jahren kennt, beschreibt eine Marlene, die sich während der Dreharbeiten, «Illusions»

Want to buy some illusions
Slightly used, second-hand?
They were lovely illusions,
Reaching high, built on sand.
They had a touch of paradise,
A spell you can't explain:
For in this crazy paradise,
You are in love with pain.

Want to buy some illusions,
Slightly used, just like new?
Such romantic illusions –
And they are all about you.
I sell them all for a penny,
They make pretty souvenirs.
Take my lovely illusions –
Some for laughs, some for tears.

Marlene Dietrich in «A Foreign Affair», 1948.
Am Flügel der Komponist Friedrich Hollaender,
der viele ihrer erfolgreichsten Lieder schrieb –
auch die Filmmusik zum «Blauen Engel».

oder nicht «Illusions», gut zu amüsieren scheint: «Marlene saß immer vor ihrer Garderobe und beobachtete, was vor sich ging – wie in einem Straßencafé. Wenn man den Gerüchten Glauben schenken wollte, hatte sie mit ungefähr jedem, der vorbeispazierte, eine Affäre. Ich erinnere mich an ein paar muskulöse Stuntmen, die hat sie einfach v e r s c h l u n g e n.»[137]

Die amerikanische Militärregierung reagiert entrüstet mit einem Verbot des Films für Deutschland; die schwierige Lage in

Berlin sei kein Stoff für billige Witze, und aus Schutt könne man keine Torten backen.

Aber aus der Gage für den Film, 40 000 Dollar, kann man ein Haus in New York kaufen, nicht für sich selbst, sondern für die Tochter Maria, den zweiten Schwiegersohn, William Riva, und Marlenes erstes Enkelkind, John Michael, dem im Lauf der nächsten Jahre noch ein John Peter, ein John Paul und ein John David folgen. Marlene mietet sich im Plaza Hotel in der Park Avenue ein und schiebt, verkleidet mit einer Schwesterntracht, als stolze Großmutter den Kinderwagen durch den Central Park. Eine Affäre mit dem Herausgeber der Zeitschrift «Vogue», I. V. A. Patcewitch, sichert ihre Repräsentanz in den großen Modezeitschriften. Die berühmteste Großmutter der Welt verändert nachhaltig das Image der Frau um die fünfzig. Modebewusst, selbstbewusst, karrierebewusst widerspricht ihre ganze Erscheinung dem Bild der weise Resignierenden früherer Generationen. «Großmutter» bedeutet für Marlene nur eine neue Rolle, die zum Ensemble der anderen Rollen hinzukommt; wie die Sprechrollen im Rundfunk. Die bringen jedoch für ihre Ansprüche nicht genug Geld ein.

So kommt ihr Alfred Hitchcocks Angebot, in «Stage Fright» («Die rote Lola») die Musical-Diva Charlotte Inwood zu spielen, gerade recht; Gage: 70 000 Pfund; Aufenthalte in London und Paris. «Stage Fright» zeigt Marlene Dietrich als kühle, egozentrische Künstlerin, die sich der Menschen bedient. Sie habe ihren Mann erschlagen, gesteht sie Johnnie, ihrem sehr viel jüngeren Liebhaber. Sie sei in Gefahr, wenn man das Kleid mit dem Blutfleck findet, das sie in der Eile der Flucht nach dem Umkleiden im Haus hat liegen lassen. In der Annahme, die Tat sei ihm zuliebe geschehen, eilt Johnnie in das Haus des Toten und nimmt das Kleid an sich; doch er wird vom Dienstmädchen gesehen und alsbald von der Polizei verfolgt.

Die Diva zeigt sich inzwischen, frei von Zerknirschung, als Trauernde mit frivolen Wünschen, die im Übrigen weiter ihre anspielungsreichen Lieder singt und gar nicht mit Johnnie, sondern mit ihrem Impresario (Michael Todd) das Vergnügen sucht. Cole Porters «I'm the Laziest Gal in Town» gibt sie liegend im weißen Gewand aus Schwanendaunenfedern zum

Besten. Die Zuschauer sind hingerissen. Johnnie taucht bei seiner Freundin Eva unter, die ihn immer noch liebt und ihm helfen will.

Ihr Vater (Alastair Sim), ein heiterer Mensch mit Durchblick, drückt in einer wunderschönen, typischen Hitchcockszene einem Schirm mit zwei Beinen, unter dem ein kleiner Pfadfinder mit Brille steckt, eine Puppe in den Arm.

Der Junge reicht die Puppe, deren Kleid einen Blutfleck hat, der Sängerin während ihres Auftritts. Charlotte Inwood gerät aus der Melodie und bringt mit erschrecktem Ausdruck das Lied nicht zu Ende. Das sieht der Detektiv (Michael Wilding).

Alles scheint klar, wenn nicht Johnnie plötzlich im Theater auftauchen würde – mit Rachegelüsten. In Wirklichkeit hat er den Mord begangen. Die Inwood wusste, dass er schon einmal einen Menschen umgebracht hatte, spielte ihm Liebe vor und benutzte ihn als Mordwaffe gegen ihren Mann, den sie schon lange los werden wollte.

Johnnie nimmt Eva als Geisel; die verwickelt ihn in ein Gespräch, beschwichtigt: man werde ihn als «krank» einstufen, mildernde Umstände – ja, wenn er sie auch noch umbringen würde, meint Johnnie, dann wäre glaubhaft, dass er unzurechnungsfähig sei. Doch sie entkommt, und er wird vom Theatervorhang guillotiniert, nachdem Evas Vater der Inwood indirekt noch ein Geständnis der Anstiftung zum Mord entlockt hatte.

Die böse Tat, die gefährlichen Situationen bei der Aufdeckung des Tathergangs, das Berechnende und Kalte der beherrschenden Schönen, die Verführbarkeit des naiven Verliebten lassen den Zuschauer mit gemischten Gefühlen zurück. Wem kann man eigentlich trauen? Auch die besonders Freundlichen können Verräter sein. «Das Spiel geht weiter, ein lächelndes Antlitz, ein brechendes Herz – Schauspieler sind so», heißt es an einer Stelle.

Während der Dreharbeiten verliebt sich Marlene in den charmanten, zwölf Jahre jüngeren Schauspieler Michael Wilding und beweist einmal mehr, dass sie nichts so sehr in Form bringt wie ein neuer Liebhaber. Anders als Hitchcock betreut sie die Schauspieler, bringt Kuchen, guten Rat und gute Laune mit zum Set, auch wenn sie gerade selbst keinen Drehtag hat.

1951 spielt Marlene in dem Film «No Highway»/«No Highway in the Sky» («Die Reise ins Ungewisse») unter der Regie von Henry Koster einen Filmstar. So reist der Star Marlene Dietrich im wirklichen Leben erst einmal nach Paris, um bei Balmain, beraten von ihrer intimen Freundin, der Directrice Ginette Spanier, auf Rechnung der 20th Century Fox die passende Garderobe zusammenzustellen. Dazu gehört eine besonders große und teure Nerzstola, samt Nerzcape und -hut. Der Filmstar des Filmgeschehens, Monica Teasdale, von Hollywood derzeit nicht angefragt, widmet sich einem weltfremden Wissenschaftler (James Stewart), den die fixe Idee beherrscht, das Flugzeug, in dem sie sitzen, werde wegen Materialermüdung abstürzen. Er bewunderte die Diva schon, als seine Frau noch lebte, und will sie unbedingt retten. Die Diva gerät mit Rat und Tat in sein Leben – bis Hollywood sie wieder ruft für einen nächsten Film …

Gedreht wird in London. Leider gehört Wilding in diesem Film nicht dazu. Mit Argwohn betrachtet Marlene seinen geselligen Umgang mit der damals noch nicht so bekannten Liz Taylor. Als Wilding ein Jahr später seine Verlobung mit Liz Taylor bekannt gibt, soll Marlene Dietrich gefragt haben: *Was hat sie, was ich nicht habe?* Kommt die Diva wirklich nicht darauf, dass es der Altersunterschied von dreißig Jahren sein könnte, von den Körperformen einmal abgesehen?

Geld und Liebhaber hat Marlene Dietrich nie festhalten können oder wollen. Beides musste von Zeit zu Zeit neu erworben werden.

Über die Trennung von Wilding hilft ihr der kahl geschorene König von Siam im Broadway-Musical «The King and I», Yul Brynner, hinweg. Brynners Sohn Rock meint, sein Vater hätte Marlene seit seiner Kindheit bewundert. Brynner hat sozusagen eine der Begegnung vorauslaufende Affäre mit Marlenes Doppelgängerin auf der Leinwand hinter sich, was für die meisten Liebhaber zutrifft, die sie persönlich kennen lernen. Für die gemeinsamen Nächte wird ein Apartment gemietet.

Fritz Langs «Rancho Notorious» («Engel der Gejagten»/«Die Gejagten») soll ein Western werden, der die Frenchy-Gestalt noch einmal belebt. Elf Jahre ist das nun her. Jäger und

Mit Arthur Kennedy und Mel Ferrer
in «Engel der Gejagten», 1951

Gejagte sprechen von der Bardame Altar Keane wie von einer
sagenhaften Gestalt: «sie hatte immer die reichsten Männer»;
«sie ging vor sieben Jahren schon fort»; «zum ersten Mal in meinem Leben sehe ich einen leibhaftigen Wunschtraum». Marlene spielt eine Bardame, die um jeden Preis jünger wirken soll
und will. Zu dem jungen Vern (Arthur Kennedy), in den sie sich
verliebt, sagt sie: «Ich wollte, du würdest weggehen und vor
zehn Jahren wiederkommen.»

In diesem Film wirkt Marlene künstlich und steif. Das liegt an der Rolle und an Fritz Lang. Rückblickend beschreibt und beklagt sie seine Regie. *Um mit Fritz Lang arbeiten zu können, mußte ich den ganzen Haß und die Auflehnung, die er in mir hervorrief, zurückhalten. [...] Fritz Lang gehörte zur ‹Bruderschaft der Sadisten› [...]. Fritz Lang legte einfach alles, jeden Schritt, jedes Atmen mit einer sadistischen Genauigkeit fest [...].*[138] Auch die anderen Schauspieler waren erbost, dass sie den von Lang fixierten Klebebandstreifen auf dem Fußboden folgen sollten.

Später erzählt Fritz Lang seinem Gesprächspartner Peter Bogdanovich, worin er die Schwierigkeiten der Zusammenarbeit begründet sah, die sich immerhin so weit zugespitzt hatten, dass lange vor Ende des Films Regisseur und Schauspielerin kein Wort mehr miteinander sprachen. «Der Film war auf Marlene Dietrich zugeschnitten. Sie gefiel mir sehr. Früher sah ich sie nämlich gern. [...] Mir schwebte ein Film vor über eine nicht mehr ganz junge, aber immer noch höchst begehrenswerte Frau in einem Tanzlokal und einen alten Revolverhelden, dessen Reaktionsvermögen nachgelassen hat. [...] Marlene hat mir das übel genommen; sie wollte nichts wissen von einem allmählichen Übergang in eine auch nur ganz geringfügig ältere Kategorie. Mit jedem Film wurde sie jünger, bis sie sich schließlich unmöglich machte.»[139]

Lang trifft Marlenes wunden Punkt; ganz ähnlich die folgende Anekdote. Zum Kameramann Hal Mohr soll sie gesagt haben: «Hal, warum kannst du mich nicht so vorteilhaft herausbringen wie in ‹Destry Rides Again›?» Darauf er: «Aber Marlene, du scheinst vergessen zu haben, dass ich damals dreizehn Jahre jünger war.»[140]

Das soll jedoch nicht darüber hinwegtäuschen, dass «Destry Rides Again» eine intelligent-humorvolle, spritzige Westernkomödie war, während «Rancho Notorious» eine billige Schwarte in Technicolor ist, mit pink angestrichenen Sonnenuntergängen und launigem Präriegesang – peinliche Folklore. Dennoch erklärt sich Marlene einverstanden, den Film zu promoten. Als der Film 1952 in die Kinos kommt, tritt sie für eine Tagesgage von 5000 Dollar persönlich auf, singt das Lied aus dem Film: «Get Away, Young Man», begleitet von Mel Ferrer, und gewinnt das Publikum, das vor Begeisterung pfeift. Marlene spürt, wie sehr sie diese Situation genießt. Die unmittelbare Nähe des Publikums ruft die Atmosphäre der Camp-shows im Krieg in Erinnerung. Der Film wird dennoch ein Flop, aber die Kritik geht freundlich mit Marlene um. «Life» prägt die Schlagzeile «Die Dietrich und ihr Mythos» und bringt ihr Porträt auf der Titelseite, so auch die Zeitschrift «Look».

Vier Jahre werden vergehen, ehe sie ihre nächste Rolle in einem Film erhält.

Früh von der Mutter angelernt, das Machbare zu wählen, grämt sich Marlene nicht lange, sondern arbeitet. Mit Max Colpets Hilfe entwirft sie Drehbücher für Unterhaltungssendungen im Rundfunk, wo sie sprechen und singen kann. So lebt sie wieder mal in New York, in der Nähe von Tochter, Enkeln und Yul Brynner. Sie schreibt für eine Hausfrauenzeitung eine Kolumne über die Liebe. Für Schallplattenaufnahmen singt sie in deutscher Sprache ihre alten Lieder.

Seit über zwanzig Jahren hat sie sich daran gewöhnt, auf großem Fuß zu leben und andere, besonders Rudi, Tamara und Maria mit ihrer Familie, ebenso leben zu lassen.

Im Mai 1953 wird Rudi ein Teil des Magens entfernt. Die Realisierung der Träume, die er einmal als Schauspieler und Regieassistent hatte, wird immer unwahrscheinlicher. Tamara ist psychisch krank, leidet unter depressiver Verstimmtheit und Angstanfällen nach zahlreichen Abtreibungen. Maria berichtet, wie sehr sich ihre Wahlmutter ein Kind gewünscht hatte. Doch Marlene und Rudi Sieber waren dagegen. Von der Operation genesen, erwirbt Rudi im San Fernando Valley in Kalifornien ein Haus mit einem halben Hektar Land und unterhält mit Tamaras Hilfe eine Hühnerfarm.

Marlene resigniert nicht, sie pflegt ihr Image und bemüht sich, präsent zu sein. Sie nimmt an einer Wohltätigkeitsveranstaltung für zerebral Gelähmte im Madison Square Garden teil. Der Circus Barnum & Bailey lässt berühmte Schauspieler auf Elefanten reiten oder als Clown auftreten. Maria, die inzwischen im Fernsehen und auf der Bühne spielt, wenn sie gerade kein Baby stillen muss, ist mit von der Partie, ebenso Audrey Hepburn, Mel Ferrer, Yul Brynner und andere Stars. Marlene macht unter der Bedingung mit, dass sie den Zirkusdirektor spielen darf. Diesen Auftritt gestaltet sie genauso professionell wie ihre Filmauftritte. Ein raffiniertes Kostüm, Shorts und Zylinder, schwarze Strümpfe, goldgeränderte Stiefelchen, ein scharlachroter Frack und eine Peitsche sorgen dafür, dass niemand sie übersehen kann.

Ein gewisser Bill Miller vom «Sahara Hotel» in Las Vegas versteht die Botschaft. Marlene ist bereit für einen Wechsel nach ihrer Art. Es gibt nicht nur den Film, es gibt auch das Showgeschäft. In manchem Film hat sie in Nachtclubs gesungen. Die Rolle hat sie oft genug geübt, um sie im wirklichen Leben realisieren zu können. Im Übrigen, was an der Front gelungen ist, sollte auch in einem Spielcasino in Las Vegas möglich sein.

# Wiedergeburt:
# Marlene spielt Marlene
# (1952 – 1975)

30 000 Dollar pro Woche für ein durchscheinendes, hautenges Glitzerkleid, verführerische Blicke mit einem Hauch von Lächeln und eine Stimme, die anstelle von Volumen etwas Rauchzartes hat. Wechsel der Garderobe im Bruchteil einer Sekunde, und ein neues Bild singt auf der Bühne, eine Dompteuse mit Frack und Peitsche. Mit dem einen Kostüm will sie die Männer begeistern, mit dem anderen die Frauen.

Marlene inszeniert sich selbst mit einem Wissen um die Wirkung auch der geringsten Veränderung. Zielsicher dreht, bewegt und verneigt sie sich. Akzente durch kurze Verzögerung im Liedverlauf werden ganz bewusst mit jeweils passender Mimik und einer Handbewegung unterstützt. Die bekannteren Lieder trägt sie nicht vor, als würden sie erstmalig erklingen, sondern eher mit einer leicht wissend-ironischen Anspielung auf etwas, das das Publikum mit der Sängerin schon lange verbindet. In einer Atmosphäre luxurierender Mondänität und übersteigerten Glücksverlangens – Ort des Geschehens ist ein Spielkasino –, gelingt der Sängerin die Beschwörung eines exaltierten «Wir». Im Applaus, in Zurufen, im begeisterten und anfeuernden Pfeifen artikuliert es sich.

Diese Affäre mit dem Publikum versetzt Marlene Dietrich in einen Rausch. Eine Form des Glücks liegt für sie in der Aufhebung der Grenze zum Gegenüber. Wenn es gelingt, ihren körperlichen Ausdruck in den Dienst künstlerisch gekonnter Bezauberung zu stellen, gerät sie in eine Verfassung, die für viele Situationen von Enttäuschung, Verdruss und Einsamkeit entschädigt.

> Das Wort «glamour» bedeutet etwas Unbestimmtes, für normale Frauen nicht Zugängliches, ein unwirkliches Paradies, wünschenswert, aber grundsätzlich außer Reichweite.
>
> Marlene Dietrich, 1984

Marlene Dietrich in einem ihrer spektakulären Bühnenkostüme

Dieses «Wir» erhält seine besondere Qualität dadurch, dass Marlene es aktiv herstellen kann. Ein Moment des Verfügens oder Beherrschens gehört zu ihren Verführungen. Sie genießt sichtlich ihre Macht, das Publikum zu manipulieren, es gleichsam um den Finger wickeln zu können. Immer wenn ihr diese Art der Sexualisierung gelingt, erhält sie selbst eine Energieübertragung. Denn in solchen Augenblicken spürt die Sängerin, dass, indem sie Marlene Dietrich zielsicher inszeniert und spielt, sie sich zugleich in diese verwandelt.

Das Publikum sieht, hört und bewundert diese Verwandlung nicht nur von außen, sondern gelangt seinerseits in die Sphäre eines inkarnierten Traumes: Marlene steht dafür, dass mehr und anderes existiert als der gemessene Alltag.

Wie aber passt dazu das Gespräch zwischen Marlene und ihrem Freund Hemingway, von dem Lillian Ross im «New Yorker» berichtet? Marlene beschreibt ihren Alltag als Großmutter: *Ich bin der Babysitter. Ich gehe durchs Haus, schaue in alle Ecken und räume richtig auf. Ich kann es nicht ausstehen, wenn Wohnungen nicht sauber und ordentlich sind. Ich bringe Lappen aus dem Plaza mit*

*und mache alle Winkel sauber, bis die ganze Wohnung blinkt und
blitzt. Um ein oder zwei Uhr morgens kommen sie nach Hause, und
dann packe ich die dreckigen Lappen und ein paar Babysachen ein, die
gewaschen werden müssen, und mit diesem Bündel unter dem Arm
gehe ich und suche mir ein Taxi. Dann denkt der Taxifahrer, ich sei ein
altes Waschweib von der Third Avenue, und spricht ganz mitleidig
mit mir, und dann will ich nicht, daß er mich zum Plaza fährt. Also
steige ich einen Block vor dem Plaza aus und gehe mit dem Bündel
nach Hause, wasche die Babysachen und lege mich schlafen.*[141]

Oftmals haben Freunde Marlenes so genannte Putzsucht
geschildert, allerdings ohne zu verstehen, dass diese Handlung
für die Schauspielerin mit dem Glück verbunden ist, ihre Ver-
wandlungsmöglichkeiten expandieren zu lassen. Welch ein Ra-
dius zwischen der zerbrechlich eleganten Diseuse, deren Körper
zu glitzern scheint, als bestünde er aus tausendundeinem Stern,
und der scheuerfesten Ordnungshüterin, die sich nicht scheut
zuzupacken!

Das «Sahara Hotel» schließt einen mehrjährigen Vertrag
mit der Sängerin ab. Wenig später fragt Neville-Willing vom
«Café de Paris» in London an. Noël Coward, der sich mit Sir
Laurence Olivier und Vivien Leigh pünktlich um Mitternacht
durch die Menge der Schaulustigen drängt, stellt Marlene mit
einem charmant-humoristischen Gedicht vor, in dem sie sogar
die schöne Helena übertrifft. Standing Ovations; man findet sie
außergewöhnlich, möchte eine Verlängerung, aber «Falling in
Love Again» war als letztes Lied angekündigt, und dabei bleibt
es auch. Die perfekte Illusion auf der Bühne tritt selbstsicher auf
und professionell.

Der Beleuchter Joe Davis folgt exakt ihren Anweisungen
und erhält damit für die nächsten zwanzig Jahre seinen Job. Im
August 1954 begleitet er Marlene nach Monte Carlo zur Wohl-
tätigkeitsvorstellung «Bal de la Mer». Der Schauspieler Jean
Marais, der Geliebte von Jean Cocteau, führt die Sängerin mit
den Worten seines Freundes ein: «Sie, deren Name wie eine
Zärtlichkeit beginnt und wie ein Peitschenschlag aufhört: Marlene … Dietrich.»[142]

Kurz darauf verwandelt sie sich wieder, nimmt teil an
der Zehnjahresfeier der Befreiung von Paris. Armeemütze und

23. August 1954: Marlene Dietrich bei den Feiern
zum zehnten Jahrestag der Befreiung von Paris

Trenchcoat, darauf die Medal of Freedom (verliehen von den
Amerikanern als Auszeichnung für ihre Leistungen im Krieg)
und die Medaille der Légion d'honneur (verliehen von den Franzosen), marschiert Marlene mit Franzosen und Amerikanern
durch den Arc de Triomphe.

Auftritte an der Ostküste der USA sind stets mit dem Besuch
der Enkel verbunden. Marlene spielt nun einmal den Chef in
ihrer Familie. Wie ein berufstätiger Vater bestreitet sie einen gro-

ßen Teil der Ausgaben. An der Westküste geht es nicht anders zu, wenn sie sich um Rudi, Tamara und die Hühner kümmert.

1956 nimmt die Michael Todd Company Marlene auf in den Reigen der berühmten Schauspieler für den Film «Around the World in 80 Days» («In 80 Tagen um die Welt») nach Jules Verne. David Niven, Shirley MacLaine, Charles Boyer, Noël Coward, Frank Sinatra, Ava Gardner spielen ebenfalls mit. Nach vier Jahren ist Marlene wieder in Hollywood. Der Film erhält fünf Oscars, und Marlene landet auf dem Cover der Neuausgabe von Vernes Buch.

Immer noch folgt sie der Gewohnheit, mehrere Affären nebeneinander zu realisieren. Sie becirct den Schauspieler Arthur O'Connell, eilt trotz der Dreharbeiten zu Yul Brynner nach Paris und beginnt eine Affäre mit einem jungen attraktiven Mädchen, das sie gerade im Hotel kennen gelernt hat.

Im selben Jahr bietet ihr Samuel A. Taylor in «The Monte Carlo Story» die Hauptrolle einer Marquise an, neben dem Grand-Seigneur-Typ Vittorio de Sica, der einen Grafen spielt. «Der Grundgedanke war natürlich, die glanzvolle Dietrich den Millionen, die sie einst auf der Leinwand verehrten, zurückzugeben, wo doch die Nachtlokale, in denen sie auftritt, immer zum Bersten voll sind. Doch der Regisseur Samuel Taylor bestand taktloserweise darauf, daß die Schöne […] sich auf Liebesdinge konzentrierte, und hat die Möglichkeit ihres Talents für höhere Komik weitgehend außer acht gelassen. Dem Kinobesucher entgeht deshalb peinlicherweise nicht, daß die Sirene etwas eingerostet wirkt […].»[143]

1957 folgt eine kleine, aber für die Atmosphäre des Films wichtige Rolle in Orson Welles' «Touch of Evil» («Im Zeichen des Bösen»). Orson Welles, das Wunderkind Hollywoods, das sich 1940 mit seinem «Citizen Cane» als Bad Boy erwiesen hatte und in Ungnade fiel, gehört seit den frühen vierziger Jahren für Marlene zu denjenigen, die sie als Genies bewundert. 1944 haben beide in «Follow the Boys», einem Unterhaltungsfilm für die amerikanischen Soldaten, einen Gastauftritt gehabt: Welles als Zauberer sägt Marlene in der Mitte ihres Haremskostüms quer durch und lässt ihre Beine über die Bühne stolzieren, während ihr Oberkörper den Zauberer hypnotisiert.

«Touch of Evil» spielt im Grenzbereich. Orson Welles verkörpert einen heruntergekommenen, dickleibigen, ungepflegten Sheriff, der zu viel trinkt. Er verfolgt das Böse auf kriminelle Weise, sodass der Zuschauer mit der Frage beschäftigt wird, wie böse ein Verfolger des Bösen sein darf; beziehungsweise, ob nicht gerade der Verfolger des Bösen durch eine nur allzu dünne Grenze an der Ausübung des Bösen gehindert wird. Marlene spielt eine mexikanisch wirkende Puffmutter, die den Kommissar früher sehr gut kannte. Er erzählt von seiner Kindheit und zeigt sensible, weiche Züge. Das Leben hat ihm übel mitgespielt. Sie soll ihm die Karten legen. Wie es denn mit seiner Zukunft stehe, möchte er wissen. Da sei keine, entnimmt Marlene den Karten, es sei alles aufgebraucht.

Nach einer langen Verfolgungsjagd von mexikanischen Schurken, die für den Verbrecher stehen, der seine Frau auf dem Gewissen hat und der ihm als Einziger entkommen ist, muss der blindwütige Rächer selbst dran glauben. Marlene spielt eine Frau, die das Geschick des Menschen kennt, aber nicht lenken kann.

Sie spricht den Schlusssatz des Films: «Er war schon ein seltsamer Mann, aber was spielt es schon für eine Rolle, was man über jemanden sagen kann.» Ein echter Orson-Welles-Satz. Ob Marlene ihn beherzigt, wenn sie in der regelmäßigen NBC-Wochenendsendung «Monitor» den Zuhörern Rat erteilt? Jedenfalls ist es ein Satz, der Psychologen und Biographen zu denken gibt.

Im nächsten Billy-Wilder-Film, «Witness for the Prosecution» («Zeugin der Anklage»), erhält Marlene gleich zwei Rollen. Ihr Partner ist der gewaltige Charles Laughton. Vorlage für das Drehbuch ist ein Bühnenstück von Agatha Christie. Marlene erhält die schöne Chance, in zwei Versionen das Gericht mit einer gelernten Rolle hinters Licht zu führen. Als Ehefrau des wegen Mordes Angeklagten überrascht sie Strafverteidiger wie Zuschauer damit, dass sie nicht zu ihrem Ehemann hält, sondern gegen seinen Einspruch behauptet, er habe ihr den Mord gestanden. In der Maske einer Cockney-Englisch sprechenden, zwielichtigen Gestalt hinterbringt sie dem Richter Briefe, die die Ehefrau an einen Liebhaber namens Max geschrieben haben soll.

Daraufhin wird die Zeugin der Anklage verdächtigt, an der Verurteilung ihres Mannes interessiert zu sein; dann wäre sie frei für Max. Ihr Mann wird also freigesprochen.

Zu spät versteht der Strafverteidiger ihre Strategie. Ihr Mann war wirklich der Mörder. Nachdem man ihr gesagt hat, dass man der Aussage der Ehefrau nicht glauben würde, hat sie sich das Doppelspiel ausgedacht. Als sie jedoch erfahren muss, dass ihr Mann eine Geliebte hat und nicht gedenkt, das Leben mit seiner Ehefrau fortzusetzen, ersticht sie ihn. Der Strafverteidiger bewundert diese «ungewöhnliche Frau», die das Duell mit ihm gewonnen hat. Er will ihre Verteidigung übernehmen.

Laughtons Rolle ist mit einer Fülle humoristischer Effekte ausgestattet. Marlene Dietrich imponiert mit ihrem statuarischen Pokerface (zurechtgezurrt durch eine Methode des Facelifting mit Klebestreifen). Als Frau, die sich mit der Auslieferung der Liebesbriefe sein Geld ergaunern will, überzeugt sie und täuscht wiederum nicht allein den Strafverteidiger, sondern auch den Zuschauer. Wer es bis zu diesem Film noch nicht gemerkt hat, kann nun nicht mehr übersehen, dass sie eine ausgezeichnete Schauspielerin geworden ist und nicht allein wegen ihrer Beine oder wegen des Glamour Bewunderung verdient. Zwar bringt Wilder sie in einer Rückblende als Sängerin auf St. Pauli («I may never go home anymore ...» mit der Melodie des Liedes «Auf der Reeperbahn nachts um halb eins»), aber im übrigen Film kommt man nicht auf die Idee, ihre Wirkung von den Beinen her zu bestimmen.

Man könnte also meinen, Marlene hat es wieder einmal in Hollywood geschafft. Aber sie wird erst drei Jahre später nochmals eine Rolle erhalten – die letzte in ihrer Laufbahn als Schauspielerin.

Im April 1959 organisiert Richard Griffith mit Marlenes Hilfe im Museum of Modern Art eine Retrospektive ihrer Filme. Eine Würdigung, aber auch eine Bilanz. Verglichen mit ihren Co-Stars der dreißiger Jahre hat sich Marlene allerdings länger im Rampenlicht gehalten als die meisten anderen. Greta Garbo lebt schon seit Ende der dreißiger Jahre ganz zurückgezogen. Nach dem Krieg eroberte eine neue Generation mit einem neuen Frauentyp die Leinwand: die Sexbombe mit großer Oberweite, schlanker Taille und wohl gerundetem Hinterteil. Es begann die Zeit von Marilyn Monroe, Jayne Mansfield, Liz Taylor, Jane Russell, Rita Hayworth. Und in den fünfziger Jahren gelangten mit jungen Schauspielern wie Marlon Brando und James Dean aus der Familie gefallenen Rebellen zur Massenwirkung. Hier hätte Marlene höchstens Mutter- oder Großmutterrollen spielen können, woran sie kein Interesse hatte.

Mit ihrer One-Woman-Gesangsshow hat Marlene Dietrichs Karriere, trotz der beginnenden Ära des Rock 'n' Roll mit Bill Haley und Elvis Presley, noch einmal eine neue Wendung genommen. Es gelingt ihr gleichsam, die Zeit anzuhalten, indem sie eine vergangene Zeit wieder belebt. Anlässlich der Eröffnung der Film-Retrospektive in New York trägt sie vor, wie sie selbst ihre Geschichte einschätzt: *Danke, und ich frage nicht, wem sie Beifall gespendet haben – der Legende, der Schauspielerin, oder mir. Mir persönlich gefiel die Legende. Es war zwar nicht leicht, mit ihr zu leben [...], aber mir gefiel es. Vielleicht weil ich es als Privileg betrachtete, ihre Entstehung aus nächster Nähe mitzuerleben. Ich besaß nie den Ehrgeiz, ein Film-Star zu werden oder zu sein, doch die Faszination, die dieser Prozeß für mich hatte, gab mir die Kraft zu arbeiten, hart zu arbeiten, um Mr. von Sternberg zufriedenzustellen. Und wenn ich sage, hart zu arbeiten, dann meine ich das auch so.*[144]

William Goldmann, Autor von Romanen und Drehbüchern, schildert die Wirkung der Filme und Filmausschnitte: «Zum ersten Mal wurde uns bewußt, daß diese Frau eine S c h a u s p i e l e r i n war. Ich hätte mir nie träumen lassen, daß sie derartig vielseitig begabt war; ich hatte sie immer nur als diese Frau gesehen, die Hemingway ‹the kraut› nannte, und deswegen allein war sie ja schon toll; aber diese Szenen mit ihr überwältigten alle Filmfans, die das Haus füllten, und als es vorbei war, sprangen alle von den Sitzen auf. [...] Es glitzerte und sie glitzerte und das Publikum erhob sich, und allen stockte der Atem. Es war unglaublich, ich konnte mir nicht vorstellen, daß ein Mensch wirklich so aussehen konnte wie sie; [...] und als sie mich ansah, da sah ich ... ich schwöre es ... es kam mir vor, als sagte sie zu mir: ‹Hör zu, ruhig Blut; ich bin so extra für dich.›»[145]

Ilja Ehrenburg hat Hollywood als «Traumfabrik» (1931) bezeichnet. Das war zwar kritisch und zynisch gemeint, aber es

Besuch in Berlin, 1960: Empfangen vom
Regierenden Bürgermeister Willy Brandt beim Eintrag
ins Goldene Buch der Stadt ...

weist auch auf Machart und Wirkungsweise des Films hin. Marlene konkret vor Augen zu haben, gibt den Zuschauern ihrer Shows das Gefühl, als wäre diese Gestalt ihren Träumen entstiegen wie etwas wirklich Unwirkliches, wie ein leibhaftiger Wunschtraum. Und diese Erscheinung eines Wunschtraums begehren die Menschen überall auf der Welt.

Marlene lebt polyglott, was auch bedeutet, dass Heimat für sie nicht mit einem umgrenzten, geographisch aufweisbaren Winkel der Welt, sondern eher mit einem weltweiten Netz von Freunden und Beziehungen verbunden ist.

Zwar hat sie Heimweh nach Berlin, aber das ist Heimweh nach der Lebenswelt eines Berlin, das im Dritten Reich und im Zweiten Weltkrieg untergegangen ist. Umso erstaunlicher ist es, dass sie 1960 einer Tournee durch Deutschland zustimmt, die sie nach Berlin führt. Dass sie vom damaligen Bürgermeister der Stadt, Willy Brandt, im Schöneberger Rathaus empfangen wird, wundert sie weniger als die vehemente Ablehnung, die ihr von vielen Menschen entgegengebracht wird. Sie erhält anonyme Drohbriefe mit Beschimpfungen der übelsten Art. Aber es sind nicht nur einzelne, so genannte Unverbesserliche, sondern auch die Presse nimmt ganz unverhohlen gegen ihre Deutschland-tournee Stellung. Man verzeiht ihr das Engagement gegen die Nationalsozialisten nicht und verwechselt es mit Feindlichkeit gegen «die Deutschen».

*Ich singe hier*, gibt sie auf einer Pressekonferenz im Berliner Hilton kühl und gelassen bekannt, *weil Singen mein Geschäft ist und weil meine deutschen Agenten mich gebeten haben zu kommen. Warum sollte ich nein sagen? [...] Fürchte ich mich vor fauligen Tomaten? Nein, faulige Eier wären schlimmer, denn die bekäme man nicht wieder aus meinem Schwanen-daunen-Umhang heraus. [...] Ich möchte vielleicht etwas Gutes tun, sagen Sie? Ich möchte nichts Gutes tun.*[146] Sie macht ihre Arbeit, and that's it. Betroffenheit lässt sie sich nur selten anmerken, schon gar nicht, wenn man sie attackiert.

Donald Spoto meint, Burt Bacharach, Marlene Dietrichs dreißig Jahre alter Arrangeur und Dirigent mit Komponisten-ambitionen, der seit Ende

... und von Protesten der Bevölkerung

1959 auch ihr Liebhaber gewesen sein soll, habe ihr die Festigkeit gegeben, die sie brauchte, um die Tournee überstehen zu können. Auch Josef von Sternberg habe sie begleitet. Die Berliner Akademie der Künste ernennt ihn 1960 zum Mitglied.

Vor dem Titania-Palast haben sich Menschen versammelt, einige mit Transparenten: «Marlene go home!», «Marlene hau ab!» Im Saal wird sie denn doch mit Applaus empfangen. Beginnend mit «Ich bin von Kopf bis Fuß ...» aus dem «Blauen Engel», singt sie ihre Lieder, doch anders als sonst macht sie sich nicht die Mühe, das Publikum mit kurzen Erzählungen oder Anspielungen für sich zu gewinnen. Als sie am Ende im weißen Frack «Ich hab noch einen Koffer in Berlin» singt, erheben sich der Bürgermeister und die anderen Zuschauer. Die Sängerin muss sich elfmal verneigen, so lange dauert der Applaus. Die Kritik fällt positiv aus; dass sie Richard Tauber und Friedrich Hollaender, zwei deutschen Juden, ausdrücklich zwei Lieder widmete, wird nicht berichtet.

Vierzehn Tage lang tritt sie in der Bundesrepublik Deutschland auf, in Hamburg, Oldenburg, Düsseldorf (wo sie im Theater bespuckt wird), Essen, Köln, Hannover, Wiesbaden (wo sie von der Bühne stürzt und sich das Schlüsselbein bricht, was sie allerdings an der Fortsetzung der Tournee nicht hindert), in München, Stuttgart und Frankfurt; 4000 Dollar pro Auftritt; in durchaus nicht ausverkauften Häusern. Weiter geht es nach Skandinavien. Dann folgen Paris, Brüssel, Dallas, Los Angeles, Toronto, San Francisco.

Im Juli 1960 nimmt sie wie auch Josef von Sternberg am Filmfestival in Locarno teil. «Der blaue Engel» und «Die spanische Tänzerin» werden gezeigt, zu Ehren des Regisseurs und seiner Schauspielerin. Seit geraumer Zeit interessieren sich junge Filmemacher und Cineasten, allen voran der amerikanische Regisseur Curtis Harrington, für das künstlerische Werk Josef von Sternbergs, machen Bestandsaufnahmen und analysieren die Machart seiner Filme.

Einen besonderen Auftritt erlebt Marlene in Israel, wo ihr das Publikum, entgegen den Bestimmungen, Lieder in deutscher Sprache gestattet und ihr mit fünfunddreißig Minuten währenden Ovationen dankt – für ihren Auftritt und mehr noch für ihre entschiedene Haltung gegen Nazi-Deutschland. Am Tag darauf gibt sie ein Benefizkonzert für israelische Waisenkinder. Die Karten sind im Nu ausverkauft.

Fünf Jahre später wird ihr von Israel die Tapferkeitsmedaille für ihre antifaschistische Haltung während des Krieges verliehen.

«Judgment at Nuremberg» («Das Urteil von Nürnberg») von dem Regisseur Stanley Kramer heißt der letzte große Film, in dem Marlene Dietrich auftritt. Der Film reinszeniert die Nürnberger Prozesse nach dem Zweiten Weltkrieg. Am 8. August 1945 hatten die Alliierten einen Internationalen Militärgerichtshof einberufen, der über vierundzwanzig Hauptkriegsverbrecher das Urteil fällen sollte. Neben dem Ziel der Bestrafung der Verantwortlichen für Verletzungen des Völkerrechts, Vertragsbruch und Massenermordungen ging es auch darum, die Bevölkerung wachzurütteln und deren Auseinandersetzung mit der eigenen Vergangenheit zu stimulieren. Aber warum und mit welchem Akzent werden diese Prozesse 1961 zum Gegenstand eines amerikanischen Spielfilms? Und wieso findet seine Premiere im Dezember 1961 nicht wie sonst üblich in New York, sondern in der Berliner Kongresshalle statt?

Als Generalswitwe und adelig von Hause aus möchte Frau Bertholt (Marlene Dietrich) «den Amerikanern beweisen, daß wir Deutsche nicht alle Ungeheuer waren». Ihr Mann, Militär mit Leib und Seele, durchdrungen von Gehorsam und Disziplin, wurde nach Kriegsende aufgehängt und nicht, wie es nach Auffassung der Witwe seiner Ehre gebührt hätte, durch ein Erschießungskommando getötet. Dan Haywood (Spencer Tracy) spielt den amerikanischen Richter, der 1948 über das Verfahren gegen NS-Richter den Vorsitz führt. Frau Bertholt beeindruckt ihn mit ihren Beschreibungen aus der Perspektive einer Zeitzeugin. Ihre Unterscheidung zwischen Zustimmung zum Nationalsozialismus einerseits und Vaterlandsliebe sowie militärischer Pflichterfüllung andererseits gibt ihm zu denken; auch ihre Behauptung: «Wir müssen vergessen, wenn wir weiterleben wollen.»

Die Heftigkeit von Anklage (Richard Widmark) und Verteidigung (Maximilian Schell, der für die Rolle einen Oscar erhält),

Mit Spencer Tracy in «Das Urteil von Nürnberg», 1961

besonders aber des Richters Ernst Janning (Burt Lancaster), der bereits in der Weimarer Republik Recht gesprochen hatte, halten den Zuschauer in Atem. Als der Verteidiger eine Zeugin, die in der NS-Zeit in einem Schauprozess gegen einen Juden aussagen musste, in derselben Sache vernimmt und in dieselbe Manier suggestiven Vorverurteilens verfällt, macht Richter Janning, der den Prozess eigentlich boykottieren wollte, eine Aussage, in der er sich selbst schuldig spricht, zugleich aber auf größere Zusammenhänge hinweist. Hitler habe von den Großmächten alles bekommen, worum Weimar vergeblich gebeten hatte. «Die Welt sympathisierte mit Hitler, nicht mit Weimar.» Mit amerikanischer Hilfe konnte die Wehrmacht wieder aufgebaut werden. «Die Welt ist schuldig, die wissen konnte» und Hitler nicht gestoppt hat.

Der Film bannt den Zuschauer, weil er zwar den historischen Werdegang als psychologischen Kontext der Handlungsweise der Beteiligten in den Blick rückt, aber dennoch zu einer klaren Verurteilung kommt. Als Janning erschüttert beteuert, er hätte von den «vielen unglücklichen Menschen» in den Konzentrationslagern nichts gewusst, entgegnet Richter Haywood, dass das erste Todesurteil, welches er wider besseres Wissen unterzeichnet hat, das ganze Gewicht seiner Schuld ausmacht.

Parallel zur Gerichtsszene wird von der Blockade Berlins durch die Sowjets berichtet und von der Luftbrücke, über die täglich siebenhundert Tonnen Nahrungsmittel von den Westmächten nach Berlin gebracht werden. Es ist unter Militärs und am Prozess beteiligten Richtern die Rede von einer notwendigen Beschleunigung der Prozesse; man brauche die Hilfe des deutschen Volkes, denn ginge Berlin verloren, dann wäre Europa verloren; man solle deshalb mildere Strafen verhängen. Alle Angeklagten werden jedoch zu lebenslänglichen Zuchthausstrafen verurteilt. Vor dem Abspann des Films läuft ein Text mit der Information, dass fünf Jahre nach dem Filmgeschehen kein einziger der Angeklagten mehr in Haft war.

Der Film wird gedreht in der Zeit des so genannten Kalten Krieges, und zwar in einer Phase, wo er jederzeit heiß werden konnte. Amerika möchte, dass sich die Bundesrepublik Deutschland stärker im westlichen Bündnis engagiert. Am 13. August 1961 wird quer durch Berlin eine Mauer gezogen, mit der die Aufteilung in West und Ost betoniert wird. Die Premiere des Films in Berlin am 14. Dezember desselben Jahres wirkt wie eine symbolische Handlung, mit der Amerika seine Präsenz demonstriert. Marlene ist nicht angereist.

Dem Film ergeht es wie vielen Filmen, die statt einfacher Lösungen ein Problem beziehungsweise ein Dilemma unterbreiten: Er wird für elf Oscars nominiert, spielt aber wenig Geld ein. In Deutschland wird er erst zwanzig Jahre später gezeigt.

Kurz nach der New Yorker Premiere wird Marlene sechzig Jahre alt. Ihr Körper bedarf der Unterstützung. Nach all den Jahren intensiven Nikotin- und Alkoholkonsums (vor ihren Bühnenauftritten soll sie immer etwas «Mut», Scotch und Champagner, getrunken haben) und leichtfertigen Umgangs mit Tabletten gibt es Anzeichen von Erschöpfung. Vor ihren Auftritten wickelt sie ihren ganzen Körper, um in Façon zu bleiben. Vom Rauchen herrührende Durchblutungsprobleme in den Beinen führen regelmäßig zu unangenehmen und hässlichen Schwellungen. In der Schweiz, wo nun schon die Enkel teure Internate besuchen, unterzieht sich Marlene einer Frischzellenkur. Und dann läuft alles weiter wie zuvor. The show must go on.

Unmöglich, alle Orte, alle Begegnungen, alle Begeisterungen, alle Vorhänge (zweiundsechzig in München) aufzuzählen. Manchen Freunden soll sie mit dem Abspielen einer Schallplatte auf die Nerven gegangen sein, die nur Applaus enthielt, *das war Rio*, sagte sie dann, *und das München* und so weiter.

Immer wieder tritt Marlene in Paris und London auf und, im Januar 1964, sogar in Polen, wo sie am Denkmal des Warschauer Ghettos Blumen niederlegt. Zwanzigtausend Zuschauer im Kulturpalast und eine Nachfeier mit den Filmclubmitgliedern, die ganze Nacht lang. Dann Moskau, Leningrad und wieder Moskau. Sie legt sich dem russischen Dichter Konstantin Paustowski wirkungsvoll zu Füßen.

1965 wird ein Jahr voller Zumutungen. Schweizer Ärzte bestätigen die Diagnose Gebärmutterkrebs und behandeln sie mit Radium-Implantaten. Und Burt Bacharach trennt sich von ihr, um die Schauspielerin Angie Dickinson zu heiraten. Ende März stirbt Rudis Lebensgefährtin Tamara, erschossen von einem anderen Patienten in der Nervenheilanstalt in Camarillo, Kalifornien. Bernard Hall, der Marlene seit einigen Jahren begleitet und ihr zur Hand geht, fährt mit ihr, um Rudi auf seiner Hühnerfarm zu helfen. Zwei Wochen lang. Bei der Abreise soll Marlene sehr traurig gewesen sein. Hall meint beobachtet zu haben, dass sie Rudi immer noch liebt. Doch das Leben geht weiter wie bisher.

William Blezard, der englische Komponist und Dirigent, den Bacharach ihr vermittelt hat, behält das bewährte Arrangement der Auftritte bei. Noch einmal Warschau. Dann Südafrika, Johannesburg. Im Oktober 1965 Australien, Sydney. «Der letzte, stürmische Applaus dauerte fünfzig Minuten, bis Marlene das Publikum zu guter Letzt anflehte: ‹Bitte gehen Sie nach Hause, ich bin müde!›»[147] Dem Journalisten Hugh Curnow gelingt es, sich bei Marlene für ein Interview einzuschmeicheln, und ihr gefällt dieser draufgängerische, fünfundzwanzigjährige Familienvater so gut, dass sie ihn gleich mit nach Hause nimmt. Er soll als Ghostwriter ihre Memoiren schreiben, die sie bereits verkauft, aber nicht abgeliefert hat. Von Curnow stammt die Beschreibung, dass Marlene den ganzen Körper bandagiert hat, was das Sexualgeschäft etwas mühsam oder unerfreulich machte, auch habe sie darauf bestanden, oben zu liegen. Da er sich nicht recht um sie und schon gar nicht um die Memoiren kümmert, gibt sie ihm bald den Laufpass.

Es folgen Auftritte in Skandinavien, Südafrika, Australien, Japan, Las Vegas, noch einmal Israel, Dänemark, England, Schottland, Wales … *Ich war doch immer in Koffern,* wird sie später ihrem Interviewer Maximilian Schell erzählen, der ihre filmische Biographie vorbereitet.

1967 erleidet Rudi einen Herzanfall. Marlene eilt aus Paris zu ihm. Er liegt im Koma, kommt aber noch einmal zurück, sodass Marlene wieder aufbricht, um weiter für sich selbst und ihre Schutzbefohlenen den Lebensunterhalt zu verdienen – für Rudi, für Maria mit den vier Söhnen und ihren Mann, der als Bühnenbildner nicht viel verdient haben soll und es jetzt in London mit Kinderspielzeug versucht, für die Schwester in Deutschland.

Einen besonderen Höhepunkt der Karriere als Sängerin erlebt sie mit dem lange fälligen Auftritt am Broadway im Lunt-Fontanne Theatre, kurz vor ihrem sechsundsechzigsten Geburtstag. Ihre Bedingungen werden erfüllt, Bacharach dirigiert vom Klavier aus, und sie kann ihn noch einmal vor einem großen Publikum als großartigen Komponisten und Freund so sehr loben, dass man meint, ihn erröten zu sehen. Joe Davis regelt wieder die Beleuchtung.

Blezard hat einmal ihren Stimmumfang beschrieben: «Sie umfaßt eineinhalb Oktaven. Ihr

Hubert von Meyerinck sieht rückschauend etwas wie Kontinuität im Spiel der Dietrich: «Du gingst langsam mit deinen sinnlich erregenden Beinen in einer gelangweilten Ruhe die Rampe entlang. Es war eigentlich nichts, was du spieltest oder machtest. Aber gerade dieses Nichts hat dich später berühmt gemacht. Aus diesem Nichts hast du einen Stil geschaffen.»

tiefster Ton entspricht dem tiefsten Ton einer Bratsche. Sie hat die Stimmlage einer Bratsche. Sie phrasiert ungewöhnlich subtil: Sie machte die Sprechstimme populär und hat sie auch weiterentwickelt. Klugerweise vermeidet sie es, einen Ton zu lange zu halten. […]» [148]

Was Marlenes Zuhörer beeindruckt, ist allerdings etwas anderes. Nach der Kritik in der «New York Times» liegt Marlenes Wirkung in einer «Mischung aus Nostalgie, eiserner Willenskraft, Technik und vielleicht ein bisschen Hypnose». Weiter heißt es in Vincent Canbys Bericht: «Miss Dietrich ist weniger eine Darstellerin als ein ‹One-Woman-Environment›, das die Sinne mit allen Mitteln ergreift. Sie sehe unwirklich aus, meinte eine Dame im Publikum, wie eine lebensgroße Marlene-Dietrich-Puppe. Aber sie hat sich und das Publikum so vollständig in der Hand, daß wir nicht anders können, als zu staunen und uns zu freuen […]. Dieser Star ist kühl und selbstbewusst, und jeder, der lernen möchte, was Selbstkontrolle ist, sollte irgendwann in den nächsten sechs Wochen ins Lunt-Fontanne gehen.»[149] Von Illusion, Vergangenheit und Träumen berichten andere Blätter. Daran mag auch Rudi gedacht haben, der nach der Premiere sogleich wieder abgereist ist.

Nach dem Auftritt badet Marlene ihre geschwollenen Füße in Salzwasser. Und wenn der ganze Rummel vorbei ist, bleibt sie mit diesem müden Körper allein.

Im Dezember 1969 stirbt Josef von Sternberg an Herzversagen. Sie mischt sich unerkannt unter die Trauergäste auf dem Friedhof.

Nie hat sie im Fernsehen auftreten wollen. Als man ihr jedoch 250 000 Dollar bietet, willigt sie ein. Die Rechte an der Sendung vermacht sie Maria. «I Wish You Love» wird 1972 im New London Theatre in der Drury Lane aufgenommen und im Januar 1973 von der BBC und der CBS gesendet. Selten ist ihr ein Auftritt, besonders nach ihrer eigenen Einschätzung, so misslungen wie dieser. Anders als bei den Bühnenshows hat man ihr die Kontrolle genommen. Sie macht die Veranstalter verantwortlich, Alexander Cohen und den Sponsor Kraft-Cheese, worauf diese mit einer Verleumdungsklage reagieren.

Wie lange kann das noch gut gehen? Ob Götter doch sterblich sind, fragt sich ein Kritiker. Unerbittlich zeigt die Fernsehkamera das Gesicht in Großaufnahme mit einem schief verrutschenden Mund. Man sieht, mit welcher Mühewaltung das Gesicht der Einundsiebzigjährigen dem Schema der Doppelgän-

Die Diva auf der Bühne, von ihrem Publikum umjubelt.
Stockholm, 1963

gerin gerecht zu werden sucht. Auch die unsicheren, sparsamen Schritte … Ganz anders soll sie gewirkt haben, wenn man sie vom Saal aus sah und hörte.

Als man Marlene nach ihrer TV-Show fragt, wie sie die Weihnachtstage verbringen werde, entgegnet sie, dass sie eigentlich meistens allein sei. Maria sei mit ihrer Familie auf Marlenes Kosten zum Skiurlaub in der Schweiz. Warum sie denn nicht mitreise, sie könnte doch Noël Coward in seinem Schweizer Domizil besuchen. Ach, soll sie entgegnet haben, Noël Coward sei womöglich auch tot, bevor sie die Schweiz erreichen würde. Wenn sie sich vergegenwärtigt, dass Cooper, Hemingway, Remarque, Chevalier, Piaf und de Acosta nicht mehr leben, fühlt sie sich verlassen und niedergeschlagen.

Wenig später tritt Noël Coward, zum Sir ernannt, in seiner Revue «Oh Coward» in New York auf. Marlene begleitet ihn. Aneinander gelehnt gehen sie zum Theater; wer stützt wen? Er lässt sich Marlenes Tätscheleien gefallen. Seit fast dreißig Jahren begleiten sie einander mit freundschaftlichem Interesse, einander unterstützend, aber auch kritisierend. Zwei Monate später stirbt Coward.

Auch Marlenes Körper wird immer zerbrechlicher. Zwar hat sie das Rauchen in einem rigorosen Selbstdisziplinierungsakt aufgegeben, aber damit lässt sich die Wirkung nicht mehr ungeschehen machen. Und dem Alkohol, als Aufputschmittel wie als Entspannungsdroge, bleibt sie durchaus ergeben. Von Bernard Hall wissen wir, dass ‹Grannie› einiges vertragen konnte. Er meint auch beobachtet zu haben, dass ihre Ausfälle gegen hilfsbereite, fast devote Menschen, die ihr das Leben auf der Bühne oder in den Hotels so bequem wie möglich machten oder die ihr, wie in Japan, voller Bewunderung großzügige Geschenke überreichen wollten, immer heftiger wurden. Sie hat immer ein loses Mundwerk gehabt, aber im Alter wird sie geradezu zänkisch und zickig.

Unfälle häufen sich. Die Diva stolpert leicht, bricht sich den Daumen, einen Zeh, zwei Rippen. Nach dem Genuss von zu viel «Mut» ist sie nicht mehr so stabil wie früher auf den Beinen; außerdem sieht sie nicht gut und weigert sich, in der Öffentlichkeit eine Brille zu tragen. In Washington stürzt sie 1973 beim *Danke Schön*, das sie ihrem amerikanischen Dirigenten, Stan Freeman, ausdrücken will, zu ihm in den Orchestergraben. Eine stark blutende Wunde, der Oberschenkel wurde der Länge nach durch einen Nagel aufgerissen, lässt sie nicht vom Hotelarzt betreuen. Sie bindet Hotelhandtücher um die Wunde und will auf den Privatarzt von Edward Kennedy warten. Am nächsten Tag muss man sie ins Krankenhaus bringen. Die Wunde wird genäht und verbunden, und Marlene setzt ihre Tournee fort. Zwei Weltkriege habe sie überlebt... Von Toronto zurückgekehrt, muss sie sich einer Hautverpflanzung und einer Bypass-Operation am Oberschenkel unterziehen, wenn sie eine Amputation vermeiden will. Ihren Auftritt in New Yorks Carnegie Hall muss sie absagen.

Voller Pläne und mit festgelegten Terminen kommt ihr der Gedanke gar nicht erst, dass die Zeit reif sein könnte für eine Beendigung des professionellen Lebens. Im August 1973 bricht sie sich in ihrer Pariser Wohnung die rechte Hüfte. Sie lässt sich für die Operation nach New York bringen, in das Columbia-Presbyterian Medical Center. Mit einem Stahlstift stabilisiert, reist sie bereits am 11. September nach London. Richard Burton leitet den Abend ein. Marlene startet von einem Rollstuhl, mit dem man sie hinter den Vorhang gebracht hat, und beherrscht selbst in dieser Verfassung die Kunst, ihr Publikum zu bezaubern.

Von London geht es nach Miami, Atlanta, Dallas, wieder London und dann Los Angeles, noch einmal Australien. In Sydney wehrt sich schließlich der Körper. Der linke Oberschenkelknochen bricht und bohrt sich durch das Fleisch, als sie im Begriff ist, die Bühne zu betreten.

Das Ende einer Karriere; die Musik rutscht aus; der Vorhang fällt. Im Krankenhaus erfährt sie, dass Rudi durch einen Schlaganfall niedergestreckt wurde. Über New York lässt sie sich nach Los Angeles transportieren, in das Medical Center der University of California, um in seiner Nähe zu sein. Zu ihm gehen kann sie nicht. Maria sorgt dafür, dass sie wieder zurück nach New York gebracht wird. «Die Patientin lag bewegungsunfähig im Gips, der Patient lag nach einem Schlaganfall im Koma. Sie sollte ihn nie wiedersehen.»[150] Das Ende einer vagen Möglichkeit, die letzten Jahre gemeinsam zu verleben.

# Endspiel:
# Schattendasein
# (1975 – 1992)

**N**aiv ist Marlene Dietrich eigentlich nie gewesen, dickfällig schon eher. Wird schon gut gehen, mag sie denken, wenn sie ihren müden und gebrechlichen Körper immer wieder überstrapaziert. Allerdings kann man auch auf den Gedanken kommen, sie wolle, wenn schon, dann auf der Bühne sterben, in actu sozusagen. Das ist nicht ganz gelungen. Marlene wird nur für mehrere Monate stillgelegt, von der Hüfte bis zum Zeh im Gips- und Streckverband.

Eine anspruchsvolle, ungeduldige, fordernde Patientin, die über alles und jeden in Rage gerät. Verständlicherweise. Nie war sie so lange Zeit so hilflos und vollkommen abhängig. «Keine Besucher! Keine Information!» steht auf dem Schild an ihrer Tür. Abhängig sein ist schon schlimm genug, aber in ihrer Abhängigkeit gesehen werden, das ertrüge sie nicht. Im Mai 1976 kann sie endlich wieder nach Hause, nach Paris, in die Avenue Montaigne.

Am 24. Juni stirbt ihr Ehemann. «Rudi – 1897 – 1976» lässt sie in den Grabstein meißeln. Mit Rudi verliert sie Halt und Zuflucht. Hatte sie im Krankenhaus noch telefonisch von ihrer Rückkehr auf die Bühne geträumt, so wirkt sie jetzt auf die Menschen ihres Umgangs wie eine gänzlich gebrochene Gestalt. «Ich kann nicht mehr», soll sie zu Bernard Hall gesagt haben. Welche Art Leben kann sie gestalten ohne den Austausch mit ihrem vertrauten Berater und ohne die Energiezufuhr, die sie vom Publikum erhalten hat?

Solange die Verlage nicht wissen, dass Marlene Dietrich nicht mehr auftreten kann, melden sie sich mit großem Interesse an ihren Memoiren. 1960 war bei Doubleday «Marlene Dietrichs ABC» erschienen, ein Patchwork-Text. Jetzt beginnt ein hässliches Spiel mit den Verlagen. Marlenes Geldgier ist so groß, dass sie gleich mit zwei Verlagen abschließt; es geht um Sum-

Der letzte Wohnsitz: Paris, Avenue Montaigne 12

men bis zu 300 000 Dollar. Simon & Schuster will Schadenersatz einklagen. Putnams ist mit den vagen Andeutungen der ersten Manuskriptseiten unzufrieden. Ghostwriter geben den Geist auf, weil mit Marlene nicht zu reden ist – über die Unverzichtbarkeit von Fakten, über den Reiz der Beschreibung ihrer Affären, über die Notwendigkeit einiger korrekter Angaben. Schließlich erscheint ein in englischer Sprache verfasster, dann ins Französische übertragener und aus dem Französischen ins Deutsche gebrachter Text. Marlene Dietrich erscheint begradigt, beschnitten, verwässert. Eine Weile hält das lebendig, und dann gibt es nur noch Verdruss.

Bis man ihr 1978 noch einmal eine Szene im Film «Schöner Gigolo, armer Gigolo» anbietet. Maria Riva führt die Verhandlungen. Marlenes Interpretation des Titelsongs kostet die Filmgesellschaft Leguan, Berlin, 250 000 Dollar.

Der Regisseur David Hemmings beschreibt, wie er eine alte Frau mit Stock aus einer Taxe steigen sieht und nervös wird bei dem Gedanken, dass diese Oma in seinem Film singen soll. Er braucht einen Scotch. Wo treibt man den auf? In Marlenes Garderobe natürlich. Nach den Berichten ihrer Tochter gehört Whisky seit Jahren zu den Grundnahrungsmitteln der Dietrich.

Gemütlich soll es gewesen sein, wie sich Regisseur und Sängerin ein bisschen «Mut» zugeführt haben.

In der «Vogue» hatte Marlene einen Fotoessay gesehen über Models, denen die Maske großer Stars aus der Vergangenheit verliehen worden war. Darunter befand sich auch eine «Marlene». In diese Gestalt soll der Maskenbildner Antony Clavet sie jetzt noch einmal verwandeln. «‹Sie haben es geschafft›, flüsterte sie mit Nachdruck. ‹Sie müssen verstehen – ich kann nicht mehr gut genug sehen – ich sehe nicht mehr genug, um Marlene aus mir zu machen.›»[151] Die Filmaufnahmen gelingen in deutscher wie in englischer Sprache auf Anhieb. Natürlich überprüft und verfügt sie, wie die Scheinwerfer positioniert werden. Wenn der Zuschauer, anders als die deutschen Kritiker, frei ist von Animositäten der Dietrich gegenüber, wie der Regisseur, der Produzent und die Crew, dann überkommt ihn angesichts dieser verschleierten Erinnerung ein Gefühl der Rührung. «Kein Auge war trocken geblieben», erzählt Hemmings, «buchstäblich. Wir hatten das Privileg gehabt, einen Moment höchster professioneller Vollkommenheit zu erleben.»[152]

Nach diesen Aufnahmen zieht sie sich noch stärker in ihre Wohnung zurück. Selbst mit sehr nahen Freunden, wie Billy Wilder und Douglas Fairbanks, nimmt sie sich das Spiel heraus, am Telefon ihre Stimme zu verstellen, sich als das Zimmermädchen auszugeben und irgendeine Lüge vorzutragen: Marlene Dietrich sei gerade in Zürich, im Flugzeug nach Tokio oder irgendwo zum Mittagessen. Norma Bosquet hilft ihr ein-, zweimal die Woche mit den immer noch zahlreichen Briefen. Es sei ihre bewusste Entscheidung gewesen, sagt die Sekretärin in einem Fernsehinterview, die Zankereien, Provokationen und Unverschämtheiten der alten Dame, die manchmal auch freundlich sein konnte, auszuhalten. Eine portugiesische Putzfrau kommt einmal am Tag, stellt ein einfaches Essen vor die Tür von Marlenes Schlafzimmer. Auch den Tag verbringt die alte Diva zumeist im Bett – mit Telefonieren, Lesen, Trinken (Scotch), Fernsehen. In den letzten zehn Jahren tragen die Beine sie nicht mehr.

Immer hat sie viel gelesen. Jetzt schreibt sie manchmal einem Autor, dessen Buch sie bewundert, sie sei einsam, er möge antworten. Nur allzu gern erfüllt sie dann die Bitte, ein signiertes Foto zu schicken. Sie flirtet immer noch gern. Gelegentlich kommt Maria und kümmert sich um sie, indem sie aufräumt, Scotchflaschen aufspürt, ausschüttet und wegwirft. Sie beschreibt ihre Mutter Marlene als ein Ekel erregendes, nach Alkohol stinkendes, hässliches Menschen-Etwas, das zusehends zerfällt. Marlene stürzt immer wieder und bricht sich etwas.

Das erzählt sie auch Maximilian Schell, der ihr mit den Aufnahmen zu seinem biographischen Filmessay «Marlene» einen letzten Höhepunkt beschert. Marlenes Agent Terry Miller erscheint mit dem Schauspieler und Regisseur im Herbst 1982 im vierten Stock der Avenue Montaigne, um die stolze Diva zu veranlassen, ihr Leben offen zu legen, was sie bislang immer vermieden hatte. Wie nicht anders zu erwarten, beißen sie auf Granit. Auf direktem Wege lässt sich gar nichts erreichen. Marlene verweist den schwärmerischen Regisseur, der im Schilde führt, sich gemeinsam mit ihr auf die Suche nach der verlorenen Zeit zu begeben, auf bereits Veröffentlichtes; alles stehe in ihrem Buch!

Sie gestattet der Kamera weder einen Blick auf ihre Person noch auf ihre Wohnung. Er solle sich an den Vertrag halten, in dem sie sich lediglich bereit erklärt hat, einige Passagen aus ihren Filmen zu kommentieren. So bleibt Schell nichts anderes übrig, als sie live in ihrer sprachlich zum Ausdruck kommenden Verweigerung vorzuführen, wenn er mehr präsentieren will, als sie zeigen möchte.

Die Tiefen und Höhen der Gespräche, die in dichter Folge an sechs Tagen aufgezeichnet werden, schneidet er nach Art eines Suchprozesses neu zusammen. «Wer hat Angst vor Marlene Dietrich?», hätte der Film auch heißen können. Sie kanzelt ihn ab wie einen dummen Schuljungen, sodass Schell sie eines Tages ganz einfach sitzen lässt und das Weite sucht. Als er am nächsten Tag wiederkommt, muss er sich anhören, er sei eine Primadonna und müsse sich von Mama Schell erst noch eine Lektion in gutem Benehmen erteilen lassen; es gehöre sich nicht, eine Dame sitzen zu lassen, das hätte bei ihr noch niemand gewagt.

Wer ist diese Marlene Dietrich? Wie kann man überhaupt einen Menschen erfassen, lautet die ambitionierte Frage seines

Films. Und die Antwort: man Muss nachzeichnen, wie er sich versteckt! Aber letzten Endes kann man ihn nicht dingfest machen. «Marlene» bleibt ein Suchbild. Allerdings entlarvt sich im Lauf der Gespräche, die mit Tonbandmaterial, mit nachgestellten Aufnahmeszenen in einer nachgebauten Wohnung, mit Filmausschnitten – auch aus dem TV-Film «I Wish You Love» – bebildert werden, die ganze Zickigkeit, die Demonstration von Kälte und emotionaler Unerschütterlichkeit der Diva als Panzer. Sie schützt sich damit vor Traurigkeit und unerträglicher Rührseligkeit. Schell sei ein Träumer, sie selbst hingegen ein praktischer, ein logischer Mensch, betont sie immer wieder.

Heimatlosigkeit, Kindheit, Tod – das wischt sie alles weg als Kitsch. Sentimentale Gefühle habe sie nie gehabt; sie sei doch deutsch geboren.

Angesichts der Ruinenbilder aus «A Foreign Affair» beginnt Marlene mit gebrochener Stimme Berliner Lieder zu singen und zeigt etwas von ihrer Liebe zur Stadt ihrer Kindheit und zum Berliner Humor. Eine weitere Veränderung geht in ihr vor, als Schell das Gedicht von Freiligrath erwähnt. Während sie gemeinsam rezitieren, «O lieb, solang du lieben kannst! O lieb, solang du lieben magst! Die Stunde kommt, die Stunde kommt, wo du an Gräbern stehst und klagst!», wird die vorher so harte Stimme ganz dünn, und Marlene Dietrich muss schluchzen.

Unglaublich kühl, als stammte der Text von ihrer Mutter, beschreibt Maria Riva die letzten Jahre der Marlene Dietrich. «Mit deutscher Gründlichkeit trug sie alles zusammen, was ihr lebenswichtig erschien, und schuf sich eine eigene Welt, in der ihr Bett als ‹Zentrale› fungierte. Ein kleiner Teil davon genügte ihr in ihrem benebelten, reglosen Stupor zum Schlafen. Auf der linken Seite war ihr ‹Büro› – Briefumschläge in allen Größen und Formen, Briefpapier, Notizblöcke, Schnur, Klebeband, Fototaschen, Briefwaage, Briefmarken nach Wert geordnet, Bücher, Tagebücher, Wörterbücher, Telefonbücher, ein Telefon, Dutzende von Lesebrillen, Lupen, Ordner, Kleenex-Schachteln, Gummis, Heftzwecken, Fanbilder, Handtücher, Wischtücher – und ihr treuer Begleiter, ihr Revolver! Zugegeben, ein Spielzeug aus Plastik, aber er knallte immerhin laut genug, um die Tauben, die vor ihrem Schlafzimmerfenster gurrten, zu Tode zu erschrecken.»[153] Ja, solange man das kann, ist man selbst noch nicht tot.

Ganz in der Nähe stehen auf einem Tischchen «Tablettenröhrchen, Schachteln, Medizinflaschen, Gläser, Tuben, Behälter mit Zäpfchen – ihre Privatapotheke»[154]. Ein weiteres Telefon in der Nähe, weitere Stifte, Zettelchen, Scheren, Geschirr, eine Kochplatte, Thermosflaschen, Kochtöpfe, Flaschen mit Alkohol, ein Krug für den Urin und so weiter und so schrecklich.

Sie lässt sich nicht berühren, wehrt sich gegen das Auswechseln der Bettwäsche, will unentwegt die Dinge sortieren und beschriften, die bereits in den Schubladen begraben sind; für später, für Maria.

Auf der Bühne wäre das Ganze ein Stück von Samuel Beckett. Es scheint Marlene in der Einsamkeit der letzten, nicht enden wollenden Jahre zu gelingen, Akteurin und Zuschauerin eines makabren Stückes zu sein. Sie hat es nicht geschrieben, sie hat es auch nicht ausgesucht, aber da das Leben ihr nun einmal diese Rolle angetragen hat, spielt sie, wie ein preußischer Soldat, mit, bis der Vorhang fällt.

*Schöneberg, dort ist das Grab meiner Mutter. Jetzt, wo die Mauer gefallen und Berlin wieder normal ist, könnte man hinfahren. […] Nein. Zu spät. Zu spät. Finito.*[155] Marlene Dietrich stirbt am 6. Mai 1992.

Während des Trauergottesdienstes steht der Sarg in der Église de la Madeleine, verhängt mit der Trikolore, bevor er mit der amerikanischen Fahne versehen nach Berlin überführt wird, wo ihn die schwarz-rot-goldene Fahne der Bundesrepublik verhüllt. Politisch ohne Fehl und Tadel wird Marlene im wiedervereinigten Deutschland zu einem Symbol politischer Integrität.

Ihren Biographen[156] warf Marlene Dietrich vor, sie hätten alles erfunden. Wie man das macht, hat sie selbst vorexerziert. Indem sie Schauspielerin wurde, hat sie ihr Auftreten, ihren Blick, ihre Bewegungen, ihre ganze Geschichte noch einmal entworfen. In ihren Memoiren setzt sich das fort. Marlenes Überformung ihrer Geschichte zielt auf ein Drehbuch ab, in dem sie die Rolle

Trauerzug für Marlene Dietrich in Paris: Der Sarg ist mit der französischen Fahne bedeckt.

einer Heldin bekommt, die, mit preußischen Tugenden ausgestattet, von Führergestalten durch Karriere und sonstigen Alltag bugsiert wird.

Die Tochter Maria Riva wirft «der Dietrich» vor, dass die Pflege der Dietrich-Legende für die Mutter wichtiger gewesen sei als die Gestaltung der privaten Beziehung zu Menschen, die ihre Nähe suchten und ihre Zuwendung brauchten. Der Biograph Donald Spoto behauptet, Marlene Dietrich habe sich selbst schließlich sogar mit der Legende verwechselt, die Regisseure, Filmproduzenten, Fans und sie selbst entwarfen. Die Lebensgeschichte des einzigen deutschen Weltstars lässt einen nachdenken über das Verhältnis von Wahrheit und Lüge, Sein und Schein, Realität und Fiktion. Der Betrachter erhält Einsicht in die Vielschichtigkeit menschlicher Selbstinszenierung. Ein jeder sucht seine Rollen und Auftritte auf den jeweiligen Bühnen seiner Zeit. Denn die Welt ist eine Bühne (Shakespeare) – und wir alle spielen Theater.[157] Schauspielern heißt: etwas vormachen, sich verwandeln, sich aufführen, sich zur Schau stellend spielen und seinen Halt in Rollen suchen.

Die Erfindung einer Legende oder die Belebung eines Mythos zielt darauf, die Vergänglichkeit zu überlisten. Das hat auch eine ganz banal-materiale Seite. Vom November 1995 bis zum Januar 1996 war in der Kunst- und Ausstellungshalle der Bundesrepublik Deutschland in Bonn eine Auswahl von Objekten zu betrachten, die Marlene Dietrich auf den verschiedenen Stationen ihrer langen Geschichte um sich gehabt hat. Alle diese Dinge sind einmal von ihr berührt worden: die Schuhe, die Hüte, die Roben, das goldene Zigarettenetui, das Hemingway ihr gab, die von von Sternberg geschenkten Maskottchen (eine Afrikaner- und eine Chinesenpuppe), die Schrank-, Schmink- und Schmuckkoffer.

Requisiten oder Reliquien?

Am 21. Oktober 1993 hatte ein Lastwagen aus den USA mit einem Großraumcontainer Berlin-Spandau erreicht. Man musste das Schloss aufsägen, da der Schlüssel verloren gegangen und auch kein «Dietrich» zur Hand war, der dieses Sicherheitsschloss hätte öffnen können. Der Container enthielt den größten Nachlass in der Geschichte des Showbusiness. Insgesamt umfasst er etwa 100 000 Teile, «vielleicht die größte Sammlung an persönlichen Gegenständen und Objekten irgendeines Menschen aus unserem Jahrhundert»[158] überhaupt, meint

Der Grabstein in Berlin, auf dem Friedhof an der Stubenrauchstraße in Friedenau

Marlenes Koffer
in Berlin:
Seit 1993 wird ihr
aus rund 100 000
Teilen bestehen-
der Nachlaß in
ihrer Heimatstadt
aufbewahrt.
Das Deutsche
Filmmuseum
archiviert und
betreut die gigan-
tische Sammlung.

der deutsche Regisseur Volker Schlöndorff. Maria Riva soll fünf Millionen D-Mark für den Nachlass erhal-ten haben.

Neben den in Bonn ausgestellten edlen Gegenständen fin-den sich in Berlin Amateurfilme, Bücher, Noten, Plakate, das Ta-gebuch des jungen Mädchens, Mobiliar, Hausrat und aller mög-licher Kleinkram inklusive Hühneraugenpflaster. Einige Koffer haben ihr stummes Dasein in irgendwelchen Lagerhäusern ge-fristet und sind seit 1930 nicht mehr geöffnet worden. Man fühlt sich erinnert an das Öffnen von Särgen in Vampirfilmen.

Vieles wird der Besitzerin einfach in Vergessenheit geraten sein. Aber das meiste wurde doch aufgehoben, um für die Nach-welt erhalten zu bleiben. Eine «Sammelleidenschaft», die nichts als zu gering erachtete. Es fallen einem die Ägypter ein, die ihren Königen und Hohen Priestern bei der «Bestattung» alle weltlichen Güter in das Grabmal stellten, damit sie bei ihrer Wiedergeburt nichts zu missen hätten. Sosehr Marlene Dietrich auch ihre Bedeutung heruntergespielt hat, der Sachverhalt, dass sie all diese Dinge für aufhebenswert hielt, erzählt etwas anderes.

Die Dinge sollen beglaubigen, dass ihr Leben nicht nur eine Erfindung in der Flucht der Zeit war. Sie fungieren als Indizien für die Qualität des Wirklichen, die in jedem Mythos lebt. Die Dinge weisen nach, dass die Schauspielerin und Diseuse Marlene Dietrich mehr und anderes ist als ein artifizielles Trugbild, hervorgebracht durch fremder Leute Drehbuch und den Schein künstlichen Lichts.

# ANMERKUNGEN

Verwendete
Abkürzungen:

Bach: M. D. = Steven
Bach: Marlene Die-
trich. Die Legende.
Das Leben. Düssel-
dorf – Wien – New
York – Moskau 1993
Higham: M. = Charles
Higham: Marlene.
Ein Leben – ein My-
thos. Reinbek 1978
M. D. 1 = Marlene Die-
trich: Ich bin, Gott sei
Dank, Berlinerin. Me-
moiren. Frankfurt
a. M. – Berlin 1992
M. D.2 = Marlene
Dietrich: Nehmt nur
mein Leben ... Mün-
chen 1979
Riva: M. M. = Maria
Riva: Meine Mutter
Marlene. München
1992
Spoto: M. D. = Donald
Spoto: Marlene
Dietrich. Biographie.
München 1992
Sternberg: Blau = Josef
von Sternberg: Das
Blau des Engels, Mün-
chen – Paris – London
1991
Su: Dok 1 = Werner
Sudendorf. Marlene
Dietrich. Dokumen-
te / Essays / Filme /
Teil 1, München –
Wien 1977
Su: Dok 2 = –, Teil 2,
München – Wien
1978

1 M. D. 1, S. 15
2 Ebenda, S. 352
3 Bach: M. D., S. 29

4 Egon Friedell: Kultur-
geschichte der Neu-
zeit, München o. J.,
S. 1364
5 M. D. 1, S. 11
6 Ebenda, S. 32 f.
7 Ebenda, S. 33
8 M. D. 1, S. 18
9 Riva: M. M, S. 18,
Tagebucheintragung
vom 19. Januar 1914
10 Ebenda, S. 19
11 Ebenda, S. 21
12 Bach: M. D., S 41 f.
13 M. D. 1, S. 26 f.
14 Ebenda, S. 20
15 Riva: M. M., S. 22,
9. Oktober 1914
16 Ebenda, S. 22
17 Ebenda, S. 23
18 Ebenda, S. 26
19 Ebenda, S. 29
20 Friedrich von
Zglinicki: Die Wege
der Traumfabrik, Ber-
lin 1986, S. 95
21 Bach: M. D., S. 45
22 Riva: M. M., S. 43,
Tagebucheintragung
vom 2. Mai 1919
23 Ebenda, S. 42, Tage-
bucheintragung vom
12. April 1919
24 Klaus-Peter Schulz:
Kurt Tucholsky, Rein-
bek 1974, S. 57
25 Riva; M. M., S.43,
Tagebucheintragung
vom 16. Juni 1919
26 Ebenda, S. 45, Tage-
bucheintragung vom
Sept. 1919
27 Bach: M. D., S. 51
28 Ebenda, S. 56
29 Ebenda, S. 58
30 Riva: M. M., S. 54,
Tagebucheintragung
vom 2. Juli 1923
31 M. D. 1, S. 58
32 Stefan Zweig:
Die Welt von

Gestern, Zürich 1944,
S. 309
33 Albert Soergel: Dich-
tung und Dichter der
Zeit, Düsseldorf 1964,
S. 219
34 M. D. 1, S. 62
35 Kunstamt Kreuzberg
und Institut für Thea-
terwissenschaft der
Universität Köln
(Hg.): Theater in der
Weimarer Republik,
Berlin 1977, S. 689
36 M. D. 1, S. 66
37 Artur Kutscher:
Wedekind, Leben und
Werk, München 1964,
S. 121
38 Frank Wedekind: Die
Büchse
der Pandora, Berlin
1906, S. 56
39 Bach: M. D., S. 84
40 Ebenda, S. 84
41 Higham: M., S. 52
42 M. D. 1, S. 62 ff.
43 Bach: M. D., S. 94
44 M. D. 1, S. 70 f.
45 Ute Scheub: Verrückt
nach Leben. Reinbek
2000, S. 146
46 Ebenda, S. 150
47 Helga Bemmann:
Marlene Dietrich.
Köln 2000, S. 32
48 Bach: M. D., S, 105
49 Ebenda, S. 112
50 Ebenda, S. 114
51 M. D. 1, S. 58
52 Helga Bemmann:
Marlene Dietrich.
Köln 2000, S. 38
53 M. D. 1, S. 60
54 Bach: M. D., S. 122
55 Su: Dok 2, S. 105
56 Su: Dok 1, S. 142 f.
57 Ebenda, S. 142
58 Bach: M. D., S.136
59 Ebenda, S.76
60 Ebenda, S. 80

61 Sternberg: Blau,
S. 263 f.
62 M. D. 1, S. 78
63 Sternberg: Blau,
S. 264 f.
64 Su: Dok 1, S. 91
65 Sternberg: Blau,
S. 246
66 Ebenda, S. 267 ff.
67 Ebenda, S. 272
68 Su: Dok 1, S. 92 f.
69 Ebenda, S. 123
70 Riva: M. M., S. 80
71 Ebenda, S. 86 f.
(4 Telegramme)
72 Sternberg: Blau, S. 7
73 Ebenda, S. 202
74 Ebenda, S. 202
75 Ebenda, S. 100
76 Riva: M. M., S. 89
77 Ebenda, S. 92
78 Ebenda, S. 92 f.
79 Roland Barthes,
Mythen des Alltags.
Frankfurt a. M. 1964,
S. 73
80 Riva M. M., S. 94
81 Ebenda, S. 96
82 Su: Dok 1, S. 150
83 Ebenda
84 Maximilian Schell:
Marlene. 1983 (Film)
85 Riva: M. M., S. 103
86 Ebenda, S. 103
87 Bach: M. D., S. 197
88 Helmut W. Banz, Ali-
ce Goetz: Josef von
Sternberg. Eine Dar-
stellung. Köln 1966, S.
88 f.
89 Ebenda, S. 90
90 Charles Baudelaire:
Ausgewählte Werke.
München o. J., S. 200
91 Legenden. Berlin
1998, S. 210
92 Su: Dok 1, S. 165
93 Riva: M. M., S. 102
94 Saturday Review,
15. August 1931
95 A. T. Mann & Jane

Lyle: Mystische Sexu-
alität. Wettswil 1997,
S. 125
96 Peter Baxter: Just
Watch! Sternberg
Paramount and Ame-
rica. London 1993,
S. 102
97 Spoto: M. D., S. 38 f.
98 Ebenda, S. 132
99 Ebenda, S. 133
100 Riva: M. M. S. 176
101 Ebenda, S. 183 f.
102 Ebenda, S. 205 f.
103 Su: Dok 1, S. 7 f.
104 Riva: M. M., S. 206
105 Ebenda, S. 256
106 Bach M. D., S. 255
107 Riva: M. M., S. 291
108 Bach: M. D., S. 257
109 Ebenda, S. 245
110 Sternberg: Blau,
S. 297
111 René Droz: Marlene
Dietrich und die
Psychologie des
Vamps. Zürich 1961,
S. 41
112 Sternberg: Blau,
S. 301
113 M. D. 2, S. 121
114 Riva: M. M., S. 397
115 Bach: M. D., S. 286
116 Ebenda, S. 290
117 Ebenda, S. 311
118 Spoto: M. D., S. 170
119 Sternberg: Blau,
S. 208
120 Bach: M. D., S. 325
121 Erich Maria
Remarque: Arc de
Triomphe. Köln 1986,
S. 102
122 Ebenda, S. 105
123 Riva: M. M.,
S. 532 ff.
124 Bach: M. D., S. 347
125 Higham: M., S. 143
126 Spoto: M. D., S. 199
127 Ebenda, S. 201
128 Higham: M., S. 145

129 Ebenda, S. 146
130 Leo Lerman:
Welcome, Marlene,
S. 191
131 M. D. 1, S. 268
132 Bach: M. D., S. 393
133 Ebenda, S. 396
134 M. D. 1, S. 286
135 Ebenda, S. 183 f.
136 Spoto: M. D., S. 265
137 Bach: M. D., S. 453
138 M. D. 1, S. 253 f.
139 Su: Dok 2, S. 141
140 Higham: M., S. 179
141 Lillian Ross: «How
Do You Like It Now,
Gentlemen?» in:
The New Yorker,
13. Mai 1950,
S. 44–45
142 Su: Dok 2, S. 67 f.
143 Ebenda, S. 144
144 Bach: M. D., S. 530
und S. 762
145 Ebenda, S. 531
146 Spoto: M. D., S. 332
147 Bach: M. D., S. 564
148 Higham: M., S. 182
149 Bach: M. D., S. 571
150 Ebenda, S. 595
151 Spoto: M. D., S. 366
152 Bach: M. D., S. 605
153 Riva: M. M., S. 858
154 Ebenda
155 Ebenda, S. 889
156 1982 sollen es be-
reits 55 Texte gewe-
sen sein
157 Erving Goffmann:
Wir alle spielen
Theater. Die Selbst-
darstellung im Alltag.
München – Zürich
1991
158 Fernsehsendung:
Marlene Dietrich,
Themenabend (Arte)
1996

**1901** 27. Dezember: Geburt der Marie Magdalene Dietrich in Berlin-Schöneberg als zweite Tochter des Polizeileutnants Louis Erich Otto Dietrich (1868–1907) und seiner Frau Wilhelmine Elisabeth Josephine, geb. Felsing (1876–1945)

**1907** Tod des Vaters; Einschulung

**1914** Erster Weltkrieg; Umzug nach Dessau; Antoinetten-Lyzeum

**1917** Tod des Stiefvaters Eduard von Losch; Rückkehr nach Berlin; Schülerin der Victoria-Luisen-Schule

**1919** Musikstudium am Konservatorium in Weimar; Geigenunterricht bei Professor Robert Reitz

**1920** Studium an der Hochschule für Musik in Berlin; Geigenunterricht bei Prof. Flesch; Stimm- und Gesangsunterricht bei Oskar Daniel; Zwischenspiel als Konzertmeisterin (Geige) in einem Stummfilmorchester unter Leitung Giuseppe Becces

**1922** Schauspielunterricht bei Berthold Held, Leiter von Max Reinhardts Schauspielschule; bis 1927 kleine Theater-, Revue- und Stummfilmrollen

**1923** Heirat mit Rudolf Sieber, Regieassistent

**1924** Geburt der Tochter Maria

**1928** Erfolg in der Revue: «Es liegt in der Luft»; Film: «Ich küsse Ihre Hand, Madame» (Regie: Robert Land)

**1929** Filme: «Die Frau, nach der man sich sehnt» (R: Kurt Bernhardt) und «Das Schiff der verlorenen Menschen» (R: Maurice Tourneur); der amerikanische Regisseur Josef von Sternberg sieht Marlene in der Revue «Zwei Krawatten» und wählt sie für den «Blauen Engel»

**1930** «Gefahren der Brautzeit» (R: Fred Sauer); Durchbruch mit der Rolle der «Lola Lola» in: «Der blaue Engel» (R: Josef von Sternberg); 1. April: Premiere des Films; in der Nacht Abreise in die USA mit Ziel Hollywood. Haus in Beverly Hills. «Paramounts New Star: Marlene Dietrich Trailer» (R: Josef von Sternberg); «Morocco», dt. «Herzen in Flammen» (R: Josef von Sternberg)

**1931** «Dishonored», dt. «Entehrt»/«X 27» (R: Josef von Sternberg)

**1932** «Shanghai Express», dt. «Schanghai Express» (R: Josef von Sternberg); «Blonde Venus», dt. «Die blonde Venus» (R: Josef von Sternberg)

**1933** «Song of Songs» (R: Rouben Mamoulian)

**1934** «The Scarlet Empress», dt. «Die scharlachrote Kaiserin»/«Die große Zarin» (R: Josef von Sternberg)

**1935** «The Devil is a Woman», dt. «Die spanische Tänzerin» (R: Josef von Sternberg) – Ende der Zusammenarbeit mit diesem Regisseur

**1936** «Desire», dt. «Sehnsucht» (R: Frank Borzage); Aufnahmen zu «I Loved a Soldier» oder «Invitation to Happiness» oder «Hotel Imperial» (R: Henry Hathaway) – Film wird nicht fertig gestellt. «The Garden of Allah», dt. «Der Garten Allahs» (R: Richard Boleslawski)

**1937** Neben Greta Garbo, Katherine Hepburn u. a. wird Marlene zum Gift für die Kinokassen erklärt. «Knight Without Armour», dt. «Tatjana» (R: Jaques Feyder; England); «Angel», dt. «Engel» (R: Ernst Lubitsch; USA)

**1938** Reisen nach Paris, Venedig, Wien, an die Côte d'Azur; nach und neben anderen Affären Beziehung mit dem Schriftsteller Erich Maria Remarque

**1939** Amerikanische Staatsbürgerschaft; Comeback als «Frenchy» in der Westernkomödie «Destry Rides Again», dt. «Der große Bluff» (R: George Marshall)

**1940** «Seven Sinners», dt. «Das Haus der sieben Sünden» (R: Tay Garnett)

**1941** «The Flame of New Orleans», dt. «Die Abenteuerin» (R: René Clair); Beziehung mit dem französischen Schauspieler Jean Gabin

**1942** «The Lady is Willing» (R: Mitchell Leisen); «The Spoilers», dt. «Die Freibeuterin»/«Stahlharte Fäuste» (R: Ray Enright); «Pittsburgh» (R: Lewis Seiler)

**1944** «Follow the Boys» (R: Eddie Sutherland); «Kismet», dt. «Kismet» (R: William Dieterle)

**1944/45** Bühnenauftritte im Rahmen der Truppenbetreuung durch die United Service Organisation (USO) in Nordafrika und Europa

**1945** Wiedersehen mit Mutter und Schwester. Juli: Rückkehr nach New York. Tod der Mutter

**1946** Mit Jean Gabin in Frankreich: «Martin Roumagnac», dt. ebenso (R: George Lacombe)

**1947** «Golden Earrings» (R: Mitchell Leisen)

**1948** «A Foreign Affair», dt. «Eine auswärtige Angelegenheit» (R: Billy Wilder). Marlene ist oft in New York (Plaza Hotel) und fährt als stolze Großmutter ihren ersten Enkel durch den Central Park

**1949** «Jigsaw» (R: Fletcher Markle)

**1950** London: «Stage Fright», dt. «Die rote Lola» (R: Alfred Hitchcock)

**1951** London: «No Highway»/«No Highway in the Sky»,

dt. «Die Reise ins Ungewisse» (R: Henry Koster)

**1952** «Rancho Notorious», dt. «Engel der Gejagten»/«Die Gejagten» (R: Fritz Lang); Rundfunksendungen und Tonaufnahmen ihrer Filmlieder

**1953** Debüt als Nachtclubsängerin im «Congo Room» des Sahara Hotel, Las Vegas.
Beginn einer neuen weltweiten Karriere mit einer eigenen Musikshow

**1954** Erster Auftritt im Café de Paris in London.
Bis 1975 Auftritte unter anderem in Europa, Australien, USA, Sowjetunion, Israel

**1956** «Around the World in 80 Days», dt. «In 80 Tagen um die Welt» (R: Michael Anderson)

**1957** «The Monte Carlo Story», dt. «Die Monte Carlo Story» (R: Samuel A. Taylor)

**1958** «Touch of Evil», dt. «Im Zeichen des Bösen» (R: Orson Welles); «Witness for the Prosecution», dt. «Zeugin der Anklage» (R: Billy Wilder)

**1959** Retrospektive von Filmen im Museum of Modern Art; Burt Bacharach wird Arrangeur, Begleiter und Dirigent ihrer Musikshows

**1960** Deutschlandtournee; Marlene wird aus politischen Gründen attackiert

**1961** «Judgment of Nuremberg», dt. «Das Urteil von Nürnberg» (R: Stanley Kramer)

**1962** Marlene als Sprecherin in dem Anti-Hitler-Dokumentarfilm «The Black Fox» (R: Louis Clyde Stoumen)

**1964** «Paris When it Sizzles», dt. «Zusammen in Paris» (R: Richard Quine)

**1972** Fernsehaufzeichnung einer Musikshow in London «I Wish You Love» (R: Clark Jones; Dirigent: Stan Freeman)

**1975**  Letzter öffentlicher Auftritt in Sydney. Marlene Dietrich lebt in ihrer Pariser Wohnung in der Avenue Montaigne 12 und meidet den Blick der anderen

**1976**  Tod des Ehemanns «Rudi» Sieber

**1978**  Letzter Filmauftritt mit dem Lied «Just a Gigolo ...» in «Schöner Gigolo, armer Gigolo», engl. «Just a Gigolo» (R: David Hemmings)

**1982**  Bettlägerig bzw. im Rollstuhl verlebt sie die letzten Jahre

**1984**  «Marlene», engl. «Marlene: A Feature» (R: Maximilian Schell). Man hört Marlene im Gespräch mit dem Regisseur und sieht sie in ihren Filmen

**1992**  Marlene Dietrich stirbt am 6. Mai in Paris und wird auf eigenen Wunsch in Berlin-Friedenau beerdigt

# ZEUGNISSE

## Alfred Kerr

Schwermut – und (die Zigarette schräg) etwas wie Ausgelassensein; eine witzigste Tragik; Verachtung liegt darin; Schmiß im Verzweifeln; die letzte Schönheit in der Trauer. Nur diese eine Person hat das heut.

*1933*

## Ernest Hemingway

Sie ist tapfer, schön, zuverlässig, liebenswürdig und großzügig. Langweilig ist sie nie. Auch sieht sie vormittags in Hemd und Hosen und Stiefeln aus amerikanischen Heeresbeständen so gut aus wie abends auf der Leinwand. Ihre Rechtschaffenheit sowie ihr Sinn für Komik und Tragik des Lebens sind schuld daran, daß sie nie wahrhaft glücklich sein kann, außer, wenn sie liebt. Über ihre Liebe kann sie sich dann lustig machen, aber es ist Galgenhumor.

*1952*

## Maurice Chevalier

Mit Marlene befreundet zu sein, ist meiner Ansicht nach mehr, als eine Liebesaffäre mit ihr erlebt zu haben. Sie ist in der Freundschaft treu wie ein Mann.

*1959*

## Flugblatt in Aachen

Zur Schande der Dietrich mußte sie erfahren, daß die Freiwillige Filmselbstkontrolle ihren «Blauen Engel» im Jahre 1957 wieder abgesetzt hatte, und zwar aus Gründen der Sittenverderbnis der Männer- und Frauenwelt […]. Denn nach dem Besuch des «Blauen Engels» gings tatsächlich früher schon vom Film ins Freudenhaus.

*1960*

## William Dieterle

Viele Leute haben Träume hinter sich, manche haben sie vor sich. Marlene trägt sie immer mit sich und benutzt sie als Heiligenschein.

*1965*

## Josef von Sternberg

Marlene Dietrich war kein Mythos, vielleicht für andere, nicht für mich. Der eigentliche Mythos, das war ich hinter der Kamera, wie ich das machte, was Sie den Mythos Marlene nennen. Das Wort Mythos bedeutet etwas Unbegreifliches, Mysteriöses, Unaussprechliches. Für mich sind alle Frauen wundervoll und die Männer übrigens auch. Jedes menschliche Wesen ist mit einer tausendjährigen Geschichte behaftet.

*1965*

## Fred Hildenbrandt

Sie hatte so herrliche Beine, daß man verführt wurde zu behaupten, das eine ihrer Beine sei ein Beweis für die Existenz Gottes und das andere ein Beweis für die Existenz des Teufels.

*1966*

## Edward G. Robinson

Am meisten erstaunte mich an ihr, wieviel sie von der technischen Seite des Filmens verstand. Ihre Kenntnisse schienen allumfassend. Dauernd verfolgte sie die Arbeit der Kameramänner und Beleuchter, überwachte sie höflich und machte Anregungen, so fein und fraulich, daß niemand je gekränkt war.

*1973*

## Frieda Grafe

Wann immer Marlene in ihren späteren Rollen Soldaten verführt, Staatsgeschäfte stört, ihr Vaterland verrät, wenn sie lieber einem Habenichts in die Wüste folgt, als bei einem reichen Mann zu bleiben, dann ist es

immer derselbe Wind der Unordnung, des Lebens, der in die verknöcherten Systeme bläst. Hahnenfedern, Affenhaar, Boas, Pelze, blonde dünne Locken, Spitzen, Schleier gegen Uniformen mit Rangabzeichen und Zylinder. Sie inkarniert nicht das Böse wie früher die vampirischen Frauen, sie inkarniert bloß die Bewegung, die Veränderung bringt.
*1974*

**Jean Améry**
Marlene Dietrich ist ein politisches Symbol: für jene, die sich mit Hitlers Reich freudig oder auch nur faul arrangierten, und (mit umgekehrtem Vorzeichen) für uns, denen ein solches Arrangement entweder a priori gar nicht möglich war oder die sich freiwillig ihm verweigerten. Frau Dietrich gehört zu den sehr wenigen deutschen Künstlern, die, ganz jenseits des allzuoft und zumeist konfus evozierten «politischen Bewußtseins», nach Hitlers Machtantritt,

wie die NS-Filmzeitung schrieb, «den Staub des Vaterlandes von ihren Füßen schüttelten».
*1977*

**Alain Garsault**
In den Filmen mit Sternberg ist Marlene Dietrich ganz die androgyne Frau, mit einer Vielfalt von fetischhafter Ausgestaltung. Männliche Kleidung, Uniform, Zylinder, Spitzenunterwäsche, Strumpfhalter und ähnlicher Firlefanz.
*1978*

**Gisela von Wysocki**
Im Mythos der Dietrich erscheinen die Ambivalenzen der Geschlechtlichkeit radikalisiert, in Extreme auseinandergebrochen. Bild der Erfüllung und der Vernichtung. Entweder unterwirft sie sich mit grandioser Rückhaltlosigkeit dem Mann, oder ihr Eros traktiert ihn und versetzt ihn in den Zustand der hilflosen Kreatur.
*1978*

**Maria Riva**
Ich betrachte diese jämmerliche Gestalt, die sich meine Mutter nennt, und Mitleid für uns beide überkommt mich.
*1992*

**Katja Flint**
Sie war die Kombination aus Glamour-Frau, aus Hausfrau, aus Mutter und Hure – also das, was sich jeder Liebhaber oder Mann wünscht.
*2000*

Pressekarikatur auf den «Film-Engel» Marlene Dietrich

# BIBLIOGRAPHIE

## 1. Teathrographie / Filmographie / Diskographie / Bibliographie

Bach, Steven: Marlene Dietrich. Die Legende. Das Leben. Düsseldorf – Wien – New York – Moskau 1993, S. 647 – 715

## 2. Texte von Marlene Dietrich

Dietrich, Marlene: Ich bin, Gott sei Dank, Berlinerin. Memoiren. Frankfurt a. M., 3. Aufl., 1992
–: Nehmt nur mein Leben … München 1979
–: Marlene Dietrich's ABC. New York 1984

## 3. Interviews

Die Dietrich-Bänder: Unterhaltungen von Maximilian Schell mit Marlene Dietrich. In: Mentele, Richard: Auf Liebe eingestellt. Bensheim – Düsseldorf 1993, S. 137 – 186

## 4. Untersuchungen

Anger, Kenneth: Hollywood Babylon. Reinbek 1980
Bach, Steven: Marlene Dietrich. Die Legende. Das Leben. Düsseldorf – Wien – New York – Moskau 1993
Basinger, Jeanine: A Woman's View. How Hollywood Spoke to Women,1930 – 1960. Hanover, New Hampshire, USA 1995
Baxter, Peter: Just watch! Sternberg, Paramount and America. London 1993
Bemmann, Helga: Marlene Dietrich. Ihr Weg zum Chanson. Berlin 1990

Bemmann, Helga: Marlene Dietrich. Im Frack zum Ruhm: Ein Portrait. Köln 2000
Borel, Franz: The Seduction of Venus. Artists and Models. USA 1990
Cawthorne, Nigel: Das Sexleben der Hollywood-Göttinnen. Köln 1999
Charyn, Jerome: Movieland. Frankfurt a. M. 1995
Dickens, Homer: The Complete Films of Marlene Dietrich. New York 1992
Die Deutsche Bibliothek: Legenden. Berlin 1998
Durgnat, Raymond: Sexus Eros Kino. Der Film als Sittengeschichte. Bremen 1964
Ehrenburg, Ilja: Die Traumfabrik. Berlin 1931
Engelmeier, Regine und Peter W. (Hg.): Film und Mode. Mode im Film. München 1997
Geiger, Ruth-Esther: Marilyn Monroe. Reinbek 1995
Gledhill, Christine (Hg.): Stardome. Industry of Desire. London – New York 1991
Götz, Alice und Helmut W. Banz (Hg.): Josef von Sternberg. Eine Darstellung. Mannheim 1966
Hanut, Eryk: I Wish you Love. Conversations with Marlene Dietrich. Berkeley 1996
Higham, Charles: Marlene. Ein Leben – Ein Mythos. Reinbek 1978
Hollaender, Friedrich: Von Kopf bis Fuß. Bonn 1996
Karasek, Hellmuth: Billy Wilder. Hamburg 1992
Katz, Ephraim (Hg.): The Macmillan International Film Encyclopedia. London 1996
Kinemathek (Hg.): Josef von Sternberg. Berlin 1967
Kunst- u. Ausstellungshalle der Bundesrepublik Deutschland GmbH (Hg.): Marlene Dietrich. Bonn 1995
Lars, Jakob: Marlene Dietrich. Frankfurt a. M. 2000
Lebrun, Dominique: Von Europa

nach Hollywood. Die Europäer im amerikanischen Kino. Berlin 1993

Mann, A. T., und Jane Lyle: Mystische Sexualität. Wettswil 1996

Mentele, Richard: Auf Liebe eingestellt. Bensheim – Düsseldorf 1993

Morley, Sheridan: Marlene Dietrich. London 1976

O'Connor, Patrick: The Amazing Blonde Woman. Dietrich's Own Style. London 1991

Patalas, Enno: Stars – Geschichte der Filmidole. Frankfurt a. M. 1967

Petru, Constantin: Marlene Dietrich Realität. Die letzten Jahre in Paris. Hamburg 1993

Prokop, Dieter: Hollywood, Hollywood. Köln 1988

Rank, Otto: Der Doppelgänger. Leipzig – Wien – Zürich 1925

Reitz, Jürgen: Jean Gabin. Berlin 1970

Remarque, Erich Maria: Arc de Triomphe. Köln 1986

Renk, Herta-Elisabeth: Ernst Lubitsch. Reinbek 1992

Riva, Maria: Meine Mutter Marlene. München 1992

Sadoul, Georges: Geschichte der Filmkunst. Wien 1957

Salber, Wilhelm: Wirkungsanalyse des Films. Köln 1977

Sanders-Brahms, Helma: Marlene und Jo. Berlin 2000

Sarris, Andrew: The Films of Josef von Sternberg. New York 1966

Seydel, Renate: Marlene Dietrich. Ein Leben in Bildern. Berlin 2000

Spoto, Donald: Marlene Dietrich. Biographie. München 1992

Sternberg, Josef von: Das Blau des Engels. München – Paris – London 1991

Stiftung Deutsche Kinemathek: Deutsche Kinemathek. Das Filmmuseum. Berlin 1994

Sudendorf, Werner (Hg.): Marlene Dietrich. Dokumente ... Teil 1. München – Wien 1977

Sudendorf, Werner (Hg.): Marlene Dietrich. Dokumente ... Teil 2. München – Wien 1978

Theater in der Weimarer Republik. Berlin 1977

Toeplitz, Jerzy: Geschichte des Films. 1934–1945. München o. J.

Töteberg, Michael: Fritz Lang. Reinbek 1985

Walker, Alexander: Dietrich. London 1984

Weinberg, Herman G.: Josef von Sternberg. New York 1967

Weiss, Andrea: Vampires & Violets. Lesbians in Film, New York 1993

Weth, Georg A.: «Ick will wat Feinet.» Das Marlene Dietrich Kochbuch. Berlin 2001

Wißkirchen, Hans: Mein Kopf und die Beine von Marlene Dietrich. Lübeck 1996

Zglinicki, Friedrich von: Die Wege der Traumfabrik. Berlin 1986

Zweig, Stefan: Die Welt von gestern. Zürich o. J.

# Namenregister

## Über die Autorin

Linde Salber, geb. 1944 in Tütz (Pommern), promovierte Diplom-psychologin und Psychotherapeutin, arbeitet als Akademische Ober-rätin an der Universität zu Köln. Ihr Forschungsschwerpunkt: die Zusammenhänge zwischen Lebens-geschichte und künstlerischem Schaffen. Malt seit 1983.

Sie ist Autorin der Rowohlt-Mono-graphien «Lou Andreas-Salomé» (1990), «Anaïs Nin» (1992) und «Frida Kahlo» (1997) sowie der Biographie «Tausendundeine Frau. Die Geschichte der Anaïs Nin» (1995).

## Quellennachweis der Abbildungen